乡村振兴典型案例

全国乡村治理典型案例
（三）

农业农村部农村合作经济指导司　编

中国农业出版社

北　京

编 辑 委 员 会

前言

　　乡村治理有效是乡村全面振兴的重要内容，是实现国家治理体系和治理能力现代化的重要方面。党中央、国务院高度重视乡村治理体系建设。习近平总书记强调，要加强和创新乡村治理，健全自治、法治、德治相结合的乡村治理体系，让农村社会既充满活力又和谐有序。党的十九大和十九届二中、三中、四中、五中全会都对此作出了重要部署。

　　党的十九大提出实施乡村振兴战略，总要求是产业兴旺、生态宜居、乡风文明、治理有效、生活富裕，这五个方面是一个有机整体，互相促进、互为条件。只有夯实乡村治理这个根基，才能推动农村经济、政治、文化、社会、生态文明建设协调发展，实现乡村全面振兴。今年是"十四五"开局之年，也是三农工作重心历史性转向全面推进乡村振兴的第一年。我国乡村社会正在发生深刻变革，乡村治理面临诸多艰巨复杂的问题和挑战，迫切需要充分调动积极因素，进一步激发和调动各地担当作为、干事创业的积极性、主动性和创造性，形成推动乡村治理现代化的强大合力。

　　按照中央关于推广乡村治理创新性典型经验的部署，2019年以来，中央农办、农业农村部连续遴选推介了两批共54个全国乡村治理典型案例，为各地树立了学习借鉴的样板，发挥了良好的示范作用，引领带动了乡村治理体系和治理能力建设。为进一步发掘和总结各地典型经验做法，以点带面推进全国乡村治理工作，2021年中央农办、农业农村部、国家乡村振兴局联合开展了第三批全国乡村治理典型案例征集推介活动，面向全国征集乡村治理的好经验、好做法。在各省份推荐的基础上，对报送案例进行遴选、核实做法、修改完善，从运用清单制、创新治理方式，强化组织领导、完善治理体制，发挥"三治"作用、健全治理体系，保障民生服务、提升治理能力4个方面精选了38个典型案例。这些典型案例充分展现了近年来全国乡村治理工作的实践成果、创新经验，现予结集出版，供各地学习借鉴。

农业农村部农村合作经济指导司

2021年9月

目录

前言

第一部分
运用清单制，创新治理方式

上海市金山区漕泾镇

网格化党建+四张清单
打通基层治理"最后一公里"

编者按：面对乡村治理新常态，漕泾镇实施"网格化党建＋四张清单"工作机制，积极探索在党建引领下实施程序清单、责任清单、制度清单、考核清单，充分发挥"清单"优势，抓住"制度、责任、行动"3个关键要素，形成闭环协同的基层网格化党建工作体系，始终以"百米冲刺"的精神，打通服务群众"最后一公里"。

漕泾镇镇域面积56.92平方公里，辖11个村和3个居民区，森林覆盖率、水面率较高，农民居住集中。近年来，为了解决基层工作中任务不明确、责任不清晰、方法不接地气、效率不高等问题，实施"网格化党建+四张清单"工作机制，通过程序清单、责任清单、制度清单、考核清单，将各类党员、党组织全部"网"进网格，以具体化、可操作的内容细化各项党建工作，切实提升了基层治理的规范化水平。

一、完善网格体系，强化人员配备

（一）精准划分网格

按照"就近、灵活、有效"的原则，以村居为单位将全镇划分为14个党建总网格，以党小组为单位划分为89个党建子网格，把工作覆盖到网格中去，将"千条线"收拢集聚到网格这根"针"里来，实现"小网格大融合"。

依托14个村居党群服务站和23个村居党群服务点，为网格化党建工作开展提供有形阵地，实现一个党支部（含村居党总支下属二级党支部）拥有一个党群服务点。通过构建横向到边、纵向到底的精细化党建工作体系，提升了基层党建的组织力和覆盖力。

（二）组建网格队伍

由镇领导、村（居）党组织书记、村（居）班子成员、党小组长、党员骨干和416名网格志愿者（包括在职党员、结对单位党员、新乡贤、埭长等）组成六级网格先锋工作队伍，镇领导担任督导员，村（居）党组织书

村居网格分布图

记担任总网格长，村（居）班子成员担任网格指导员，党小组长担任子网格长，骨干党员担任网格员。针对子网格长，组织召开专题培训会，统一发放《漕泾镇网格化党建工作记录本》，配备专属网格党建工作证，保证"持证"上岗。

二、制订四张清单，规范网格管理

（一）以"责任清单"明确"干什么"

责任清单明确了基层党建创新、网格队伍建设、党员教育管理、党内组织生活开展等方面的具体要求，结合重点工作，罗列网格工作的21项责任内容和要求，将责任细化到人、量化到岗，层层压实责任。**督导员**负责指导党建工作发展和创新、网格队伍建设和监督党内组织生活开展；**总网格长**明确总网格党建工作思路、带好网格队伍、加强党员教育管理、部署党内组织生活，统筹网格建设资源；**网格指导员**指导网格建设和网格运行

机制、宣传政策文件，指导子网格长开展党内组织生活、汇总民情民意、带头开展社区治理和联系服务群众；**子网格长**负责网格日常运行、参与党内组织生活、收集反馈民情民意、参与社区治理和联系服务群众；**网格员**开展网格日常工作、收集民情民意、参与党内组织生活、参与社会治理和联系服务群众。

（二）以"程序清单"明确"怎么干"

根据工作实际，制定党内重要事项决策、党员学习教育、乡村治理3项重要流程，为党员开展组织生活、参与基层治理明确了流程和步骤。针对**党内重要事项，**按照镇领导全程督导、党建总网格长提议、党员议事会商议、村居"两委"班子会决议或党员大会表决、决议结果公示的流程进行决策，全程接受群众监督。针对**党员学习教育，**由总网格长下发学习教育工作提示，牵头组织开展学习教育活动，网格指导员组织子网格长、网格员、党员在各党群服务点集中开展学习教育并及时向村居民宣传。针对**乡村治理**工作，由网格员、网格志愿者提供社情民意、文明风尚、安全稳定等信息线索。子网格长受理并核实后将有关情况反馈至总网格长，每月召开网格工作例会，集中讨论提出解决方案，做到定时、定人、定责。

水库村网格督导员、镇党委书记上专题党课

（三）以"制度清单"推动"规范干"

制度清单包括党员议事会制度、子网格长接待日制度、网格长巡查制度、主题党日活动制度、学习教育培训制度、网格日常运行管理制度6项工作制度，使得组织生活内容有据可依、有章可循。其中，党员议事会制度明确了主要职责、工作机制，子网格长接待日制度规定了时间地点、接待事项、处置原则等，网格长巡查制度对巡查频次、内容等方面作了说明，主题党日活动制度明确了组织形式、时间安排、活动内容和要求，学习教育培训制度规定了学习安排、内容和要求等，网格日常运行管理制度明确了每半年子网格考评、做好网格点动态信息维护、形成网格"双例会"制度等内容。制度清单着力于用严的纪律约束基层干部，使其心有所畏、言有所戒、行有所止，真正做到不越位、不错位、不出事。

（四）以"考核清单"评判"干得好"

结合年度目标管理考核，对原有考核体系进行修订完善，以工作实绩为中心，科学设置考核评价体系，明确考核项目和指标、计分标准、考核依据和责任单位。将网格日常运行、党内组织生活、收集反馈民情民意、参与社会治理和联系服务群众4个方面作为考核的主要内容，同时设置反向扣分项目。考核清单按照"可量化、能落实、好检验"的原则，强调监督、检查、考核同步，综合评估工作进展和阶段性成效。

三、"网格化党建+四张清单"，推动治理取得实效

自"网格化党建+四张清单"做法推行以来，漕泾镇发挥"清单"优势，形成了闭环协同的基层网格化党建工作体系，强化了联系服务群众"最后一公里"的工作力量，为创新基层治理提供新路径。

（一）提升了责任意识

通过四张清单，使网格化党建各项工作具体化、可操作，网格工作队伍分工清晰、责任明确，压实了网格队伍的"责任书"。总网格长"掌好舵"，作为第一责任人全面负责，推动需求在网格发现、资源在网格整合、问题在

网格解决。网格指导员"助好力"，在组织培训、下发提示、"两个指数"测评等各项工作中，负责指导子网格长开展好党内组织生活，起到了重要的桥梁纽带作用。子网格长和网格员则充分发挥"带好头"和"守好岗"作用，保证各项工作圆满完成。

（二）规范了工作制度

通过程序清单，党内人员调整、党内经费使用等重要事项，严格按照党内重要事项决策流程进行，避免了几个人说了算、一言堂等情况，推动决策更加公平、透明。涉及社情民意、安全稳定等事项，能够及时传递到党组织班子，增强了上传下达的效率，使得问题发现更加及时。每一个网格按照程序做到学习教育全覆盖，老新结对、送学上门等多种形式共同推动，学习教育更有实效，组织生活更加规范。

（三）凝聚了共同力量

通过四张清单，提升了网格管理的规范化水平，积极引导驻区单位、社会组织、群团组织等各类社会力量广泛参与，吸纳在职党员、"城乡""双百""企村"等结对单位党员作为党员志愿者并编入对应的网格中参与行动，在基层一线网格打造了资源共享、优势互补、条块联动、共驻共建的新平台，

村居网格员分片划区参与疫情防控

形成了网格事务齐抓共管的良好氛围。新冠肺炎疫情防控期间，结对单位党员下沉村居网格，"组团"参战、闻令而动、积极作为，为村居疫情防控凝聚起了磅礴合力。

浙江省宁波市宁海县
小微权力清单"36条"
构建乡村反腐新机制*

编者按：宁海县不断深化小微权清单制度，已实现了村级小微权力内容的全覆盖。通过19项公共权力事项、17项便民服务事项，制订出让群众眼里清、心中明的运行流程。标本兼治，推进了农村基层的党风廉政建设和依法治理，切实把基层公权力"关进笼子"，实现监察职能向基层延伸的有益探索实践。

宁波市宁海县位于浙江省东部，辖18个乡（镇、街道）、420个村（社区）（其中行政村337个）。为贯彻落实习近平总书记"把权力关进制度的笼子里"的要求，宁海县紧紧抓住村干部这个关键少数，在全国首创推行村级小微权力清单"36条"，持续深化创新，标本兼治推进乡村依法治理，妥善处理农村经济社会快速发展过程中出现的小微腐败及引发的村级矛盾纠纷，构建了乡村反腐新机制。

一、厘清边界，梳理村级小微权力清单

按照于法周全、于事简便的原则，全面收集汇总村级组织、村干部权力事项，消化清理、归纳总结，把涉农政策制度梳理成了《宁海县村级权力清单36条》（简称"36条"），涵盖了19项公共权力事项和17项便民服务事项，

---

* 宁海小微权力清单曾收录于全国首批乡村治理典型案例，其做法近年来不断完善升级，现作为第三批典型案例再次进行推介。

基本实现村级权力全覆盖。把"五议决策法"作为权力清单的首个条款，规范村党组织提议、村"两委"联席会议商议、党员大会审议、村民代表会议决议和群众评议流程，强化基层党组织对村级重大事项的统一领导权。2018年，按照"最多跑一次"改革要求，修改了28项流程，归并、取消了11项权力，完善了农村巡察等24项保障机制。

二、明晰权限，规范村级小微权力运行

强化村级组织、村干部权力主体的岗位职责，确保村级权力运行"一切工作有程序，一切程序有控制，一切控制有规范，一切规范有依据"。重点围绕"36条"事项编制权力行使流程图45张，明确村级权力事项名称、具体实施责任主体、权力事项来源依据、权力运行操作流程、运行过程公开公示、违反规定责任追究6方面内容。为凸显精简务实原则，除工程招投标等重大事项外，其余村级事务办理流程都控制在5个环节左右。如村集体资产处置事项，村集体事先按"五议决策法"程序对资产处置项目制订方案，并召开社员代表会议形成决议；然后由村集体发布处置公告；对于标的物市场

宁海县力洋镇平岩村依照权力清单召开村民代表会议

调查价或评估总价在1万元以上的，进入乡（镇、街道）公共资源交易中心进行公开交易（1万元以下的由村集体自行公开交易）；招标结束后，承、发包双方签订规范的承包合同，并交乡（镇、街道）"三资"管理服务中心备案。

三、顶层设计，构建责任传导工作机制

建立以县委书记为组长，副书记、纪委书记、组织部长等任副组长的领导小组，将任务分解到县委、县政府相关领导。制订县委"36条"目标管理考核办法，不定期开展联合或专项督查，全面启动农村巡察全覆盖，压实各级党组织主体责任。县纪委将"36条"落实情况作为年度党风廉政检查和全面从严治党主体责任报告的必需内容，约谈、问责执行不力的党组织及相关人员。县委组织部把"36条"纳入基层党组织书记述职评议，列入书记抓党建工作任务清单，作为村干部备案管理的内容。县级有关部门和各乡（镇、街道）按照职责分工，及时完善"36条"政策文件，加强日常监督指导。实施村级小微权力清单"36条"工作3年行动计划（2021—2023），以"36条"达标村、示范村创建为抓手，分3年逐步提高全县达标村、示范村占比，最终形成全面规范执行。全面实施"三交底"廉政谈话向村（社区）基层延伸，明确将村组织"一把手"列为"36条"规范执行的"第一责任人"。目前，已经实现对新一届村班子"一把手"廉政谈话全覆盖。

四、宣传教育，营造入脑入心舆论氛围

把农村党员干部学深悟透"36条"作为有效执行的基础前提，分类抓好常态培训。突出"第一书记"和村干部执行主体，把学习"36条"列为村干部和村级后备干部培训重要内容。强

村民正在翻阅《宁海县村级权力清单三十六条》

化联村干部执行把关，综合运用周二夜学、"走村不落户、群众考干部"等载体形式，把学习贯彻抓在经常。组织农村党员全员轮训，编写乡土教材，组建讲师团，建立15个社会治理培训基地，以千人大党课、支部主题党日、现场观摩等形式加强学习。扩大群众知晓率，制

宁海县岔路镇"36条"升级版竞赛现场

作播放"36条"微电影、动漫，创作戏剧等文艺作品，绘制墙体漫画，发放20余万册口袋读本、漫画图册和监督案例，让群众明白"找谁办事、怎么办事"。

五、奖惩并举，健全三级联动监督体系

紧扣权力行使核心环节，健全上级、村监会、群众监督有机统一的三级监督体系。**在党委政府监督层面**，制定"联村铁律30条"，对联村干部指导把关不到位、问题严重的，评定为基本满意或不满意。制定加强新时代村干部队伍建设的"锋领头雁20条"，配套报酬激励、歇职教育、村干部违反规定56项具体行为和责任追究标准等正反激励制度，开发了"36条"智慧监督系统软件，使每个环节都可追溯、可监督。**在村监会监督层面**，制作《村务监督对账单》《村务监督地图》，编印《村务监督一本通》，规范村监会例会，组织村务监督论坛10余期，村监会成员累积参与1 000余人次，有效提升村监会履职能力。**在群众监督层面**，推行"议事会"等制度，扎实推进阳光村务工程，建设宁海"阳光村务网"和数字电视公开平台，让群众通过电视、手机等方式就可查询到村级事务办理情况。

六、改革升级，系统配套执行保障制度

针对村级工程招投标市场不完善、村民代表议事规则不健全、从严惩戒

村级权力主体法律依据不足等问题，出台《宁海县农村干部违反廉洁履行职责若干规定责任追究办法（试行）》《关于进一步加强对村（社）干部监督的意见（试行）》等，为"36条"实施提供制度保障。每年调整出台《基层权力监督约束机制考核办法》，以查促改、以考促建，营造村级权力规范运行的大监督氛围。2019年上线的"36条"智慧运行系统，有效规范了村级工程建设、资产资源发包等领域的小微权力。2021年，在"36条"智慧运行系统实践基础上，进一步开发上线村级小微权力智慧运行系统，并在全市推广应用。自运行以来，各功能模块累计汇总数据1.88万条，累计录入村级工程项目1 596条、资产资源5 005条、村级采购2 195条，产生红色预警216条。推行农村干部"五险一金"廉政风险干预机制，实施以来共扣发600余人次村干部廉洁保证金，累计扣发金额60余万元，廉政谈话580余人次。

　　"36条"的实践是对村级反腐败体制机制的改革与创新，通过对村级决策权、执行权、监督权科学合理分置，创造性地解决了乡村治理的几个根本性、关键性问题，为实现基层治理现代化提供了有益范本。**一是农村干部用权更加规范。**"36条"为小微权力运行建起了"规则"，村干部办事再不能"违规越线"，必须按照"规则"按程序操作。随着"36条"的运行，村干部规范用权意识不断增强。**二是基层群众办事更加便捷。**群众办事需要提供什么资料、具体找什么人通过"36条"读得明明白白，避免了办事群众"来回跑"。对照流程图能直观明了地知晓事务办理的具体步骤、时间期限，并享有一次性告知、限时答复、按时办结等权利，知情权和监督权得到了有效保障。**三是村监会监督履职更加有序。**"36条"变被动监督为主动监督，变单一监督为全面监督，变事后监督为全程监督，给村务监督指明了方向，也给村监会监督履职"撑起了腰杆"。**四是村级工程项目推进更加有力。**"36条"带来了干群和谐的生动局面，村级重点项目建设获得了更多群众的支持与参与，提升了项目推进速度和工作质量。

福建省厦门市海沧区

规范权责事项　推动村居减负增效

编者按：海沧区坚持源头治理，全面规范村居职责事项准入制度，制订村居有关权责事项6张清单，建立绩效考核、监督等机制，注重融合多元力量，帮助村居扩能增效，让村居干部回归主责主业，让基层工作者集中精力为民服务，有力促进了基层建设，提高了乡村治理能力和水平。

厦门市海沧区总面积186.46平方公里，下辖4个街道、45个行政村居，人口62.5万人。针对村居职能交叉不清、村级组织承担的行政和社会管理事务繁重、自治作用发挥不充分、队伍结构不合理等问题，坚持源头治理、多管齐下和改革创新，着力规范权责事项，融合多元力量帮助村居减负增效，健全机制保障减负不反弹，让村居干部回归主责主业、为民服务。

一、坚持源头治理，规范清单为村居松绑减负

一是"1份铁规"收紧下放事项范畴。按照严格准入、依法进入、事费配套、注重时效的原则，严格执行村居工作事项准入制度，梳理清单事项，落实"法定职责必须为、法无授权不可为"。未经区委、区政府研究同意下放的工作事项，不得下放至村居工作站，确需下放的工作事项，要执行"权随责走，费随事转"，落实相应人员及工作经费保障。擅自向村居委托或转移工作的，按照规定严肃问责。

二是"6张清单"厘清权责边界。2016年海沧区制订村居有关权责事项6张清单，分别是依法履行职责、依法协助基层政府工作、依法依规组织开展监督活动、建立台账报表、开展检查评比达标活动、保留证明清单，清单总事项165项。结合机构改革，27个部门逐条梳理6张清单，逐一审核清单事项的合法性和政策依据。2020年，修订出台《海沧区村（居）民委员会有关职责事项一览表》，总事项减至119项，减少27.88%。其中，依法履行职责事项从38项减为24项，依法协助基层政府工作事项从61项减为55项，依法依规组织开展监督活动事项从11项减为10项，台账报表事项从27项减为21项，评比达标活动从8项减为7项，保留证明事项从20项减为2项。

三是"25项小微权力"规范权力运行。出台《关于规范村级"小微权力"的通知》，按照"于法周全、于事简便"原则，围绕村级组织在组织建设、经济管理等6个方面制订村级"小微权力"清单，共梳理出25项事项。细化各清单事项的用权程序，绘制"四议两公开"、财务开支、发展党员、投资建设项目、出租出让集体资产、印章管理等运行流程图，确保村级权力事项运行按程序决策、按流程办事、按时限落实、按规范落地。

二、坚持多管齐下，健全机制为村居减负护航

一是建立村居绩效考核机制。制定实施《海沧区村（居）绩效考核评价办法》，每年根据全区中心工作和重点任务确定考核指标，按照"统一等级、统一结构、统一项目、规范标准"的方向，对村（居）职责事项年度落实情况进行绩效考评。排名为前25%的村（居）工作者给予应发月工资2.5倍的绩效奖励，排名为后10%的村（居）工作者相应缩减奖励并通报。确保清单工作刚性严肃、精准落实，引导村居聚焦主责主业，同时实现清单动态化监督，防止事务反弹、责任甩锅等现象。

二是建立"1+X"监督机制。按照纪委专责监督和各部门职能监督的"1+X"监督机制，持续下沉纪检、组织、民政、审计等部门力量，推进清单

纪委监委监督指导村（居）事务

落实审查和"微腐败"整治。实行清单内容、规章制度、运行程序、运行过程、运行结果"五公开"，健全村务监督委员会全程监督机制，畅通群众质询、答复渠道，构建有机统一的监督体系。

三是建立基层减负监测点。结合形式主义、官僚主义问题的查处工作，在基层设立减负监测点，对于监测中发现的一些可能增加基层负担的问题，区纪委及时跟踪督办，督促整改，做到及时发现、动态处置、纠偏改进。新冠肺炎疫情防控期间，开展"表格战役"监督检查，督促有关职能部门整合同类表格，减少基层重复填报，核查处理检查发现的问题线索。

三、坚持改革创新，多元融合为村居扩能增效

一是完善"就近办，马上办"便民服务改革。持续完善机构下沉、人员下沉、服务下沉的"就近办，马上办"便民服务。推进"一站式"服务，将75项便民服务事项入驻43个村居便民服务站，做到"开一个窗，办全部事"；开通网上办理服务，全部实现"一趟不用跑"或"最多跑一趟"，即办率达

57%，全流程网办事项占比38.7%，全区通办事项办理时限压缩至法定时限的19.5%，最大程度提升群众的获得感和满意度。实现网格化服务，聘用710名社区网格员下沉各村居，参与社区治理和服务，负责网格内信息收集、上报、协调处置等工作，把村（居）"两委"干部从繁重的行政服务事务中解脱出来，实现"专业人做专业事"与"社区人办社区事"的优化组合。

村（居）便民服务站"一站式"服务

二是创新"两岸融合"乡村治理模式。立足对台独特优势，聘请43名台湾青年担任社区营造员驻点村居工作，将台湾社区营造理念和大陆共建、共治、共享乡村治理机制有效融合，探索出"我们参与了，村庄就变了"返乡青年创业、渐美"农村幸福食堂"等模式，有效解决了乡村治理中面临的空心化、老龄化等难题。

三是探索"三社联动"项目服务模式。探索"村居+社会组织+社工"有效联动，依托社会组织孵化基地培育了301家社会组织，同时推进政府购买服务，引导社会组织尤其是民办社工机构以村居为平台，招聘社工帮助村居干部整合资源、实施专业服务，促进"社工+志愿者+村（居）民+N"积极互动。2020年以来，全区累计购买服务项目130余个，支出近4 000万元，在服务特殊、困难群体上发挥了重要作用，在提升村民自治能力、培育村民参与意识、化解村民矛盾、增进村居和谐等方面取得显著成效。

"微孝不倒翁"等专业服务项目助力村居减负

海沧区坚持简政为民，通过制订权责事项清单和小微权力清单，规范了村级组织承担的行政事务、检查考核等事项，减少了台账报表的填报；通过整合资源，培育社会组织等力量，完善了村居工作体制机制，有效减轻了村（居）民委员会负担，助力村（居）干部轻装上阵，巩固了基层基础，激发了治理活力，进一步提高了乡村治理效能。

河南省济源市

实施三清单一流程　规范村级权力运行

> **编者按：** 济源市厘清村级组织和村干部的职责权限，形成了小微权力事项清单、责任清单、负面清单，从根本上解决村级小微权力边界不清晰、程序不规范、监督约束难等问题，进一步规范了村级小微权力运行，有效防治群众身边的不正之风和腐败问题。

济源市位于河南省西北部，面积1 931平方公里，人口73.3万人。辖11个镇、5个街道办事处、525个行政村（居）。近年来，济源市为进一步规范村级小微权力运行，从根本上解决权责边界不清晰、程序不规范、监督约束难等问题，按照"试点先行—全面推开"的工作思路，在坡头镇村级小微权力清单制度试点基础上，全面推行农村小微权力清单制度，真正把权力关进制度的笼子，不断推动基层治理体系和治理能力现代化。

一、坚持"三个强化"，"部署＋督导"高位高效推进

一是强化组织领导，及时研究部署。济源市高度重视推行村级小微权力清单制度工作，主要领导亲自安排部署，建立由纪工委、监察工委牵头，组织、民政等部门密切配合的工作机制，将推行村级小微权力清单制度作为纪检监察重点工作之一，明确目标任务，有力有序推进。**二是强化调研指导，压紧压实责任**。成立调研督导组，多次到试点镇村现场调研指导，帮助协调

解决疑难问题。指导编印《试点镇村级小微权力清单制度"八项规范"指导手册》，明确了村级重大决策事项、村级采购事项、村级财务管理、村级工作人员任用、阳光村务、村集体资源和资产管理、村民救助、救灾款申请八项规范。督查部门将此项工作列为年度目标考核事项，建立工作台账，定期督导检查，压实工作责任。**三是强化协调联动，全力以赴推进。**建立党委主导，纪委督促，市、镇、村三级联动的工作机制，压实各级党组织主体责任，各部门各司其职、各负其责、通力合作，确保小微权力清单制度试点工作顺利推进。

村级"小微权力"清单制度工作推进会

二、把握"三个环节"，"确权＋明责"厘清权力边界

一是找准关键症结，合理"清"权。通过对十八大以来农村违规、违纪、违法案件办理情况，巡察交办问题整改，矛盾纠纷调处化解，信访稳定事项，扶贫领域涉信涉访，农村发展党员违规违纪问题排查整顿等方面全面摸底，找准基层社会治理中容易引发违规违纪问题和信访矛盾问题的重点，聚焦议事程序、财务管理、工程项目、民生事项、组织和人事关系

等关键领域，切实查清了可能引起权力寻租的事项，做到有的放矢找症结，找准靶向定方法。**二是梳理清单事项，科学"确"权。**编制村级小微权力事项清单，建立村级班子主要负责人责任清单和负面清单，逐步厘清村级组织和村干部的职责权限。根据村级小微权力运行特点及基层社会治理实际，梳理、归纳了农村干部承担的村级重大决策小微权力事项清单88条。建立针对村党组织书记、村民委员会主任、村务监督委员会主任、村民小组长等村级班子主要负责人的责任清单，规范重大事项决策、推动集体经济发展等48项责任。制定负面清单，明确不得利用职权或职务之便为他人谋取利益、不得违反财经纪律、不得侵占集体资产等30条禁止性要求。**三是规范运行流程，依规"配"权。**在建立村级小微权力事项清单的基础上，按照简便直观、易于操作的原则，制定出村级小微权力事项规范流程，以文、图、表形式绘制村级权力行使"路线图"。文，即将法规制度核心内容摘要精简，形成条目，划出红线；图，即八项规范所有事项，全部绘制出流程图，一目了然；表，即所有会议记录、公示表格等全部统一标准、统一印制，简洁明了。通过规范流程，进一步明确每项村级权力事项的名称、具体实施责任主体、政策依据、运行流程、操作步骤、运行过程的公开公示等，形成了"管人管到位，管事管到底"的权力运行体系。

三、做到"四个全面"，"论证+宣传"确保取信于民

一是全面论证研讨。通过开展"三对照"，即对照中央、省、市各项法规制度，对照上级行业主管部门的要求规定，对照农村现有实际情况，进行分析论证，逐项模拟推演，发现在试行过程中可能出现的问题和障碍，及时纠正调整，完善补充。**二是全面征求意见。**分层面召开镇村干部、行业部门负责人会议，广泛征求工作意见。组织试点镇村干部集中学习、交流讨论，召开党员大会和群众代表会议审议，确保事项清晰、要求明确、合规合法。**三是全面宣传引导。**组织宣讲团开展"面对面"宣

讲，在墙体、宣传栏制作张贴漫画图示，利用广播、网络滚动讲播，利用短信、微博、微信等跟踪报播，让群众清楚干什么事、找谁办、如何办，以及如何参与、怎样监督，做到人人皆知、家喻户晓。**四是全面教育培训**。把清单制度作为重点必学内容，纳入党员干部教育培训计划，通过召开会议、专题讲座、行业指导等方式，对镇村干部进行教育培训；组织开展知识测试，以考促学，让"按清单办事、依规范用权"的意识入脑入心。

小微权力清单制度宣传

四、健全"四项机制"，"监督+落实"提升治理效能

一是健全公开制度，阳光"晒"权。通过公开栏、民主听证会等途径，及时准确地公开村级各项权力的运行过程和结果；建立"村民微信群"，将村级小微权力清单、"三重一大"事项等各类公开内容进行告知，切实保障群众对村务工作的知情权、参与权、监督权。**二是健全监督体系，多方**

"控"权。建立群众、村务监督委员会、镇级（部门）有机统一的三级监督体系。拓宽群众监督途径，及时公开镇、村监督联系方式，明确专人答复群众质询；制订《济源示范区村务监督委员会工作规范（试行）》，加强村务监督委员会全程监督；压实镇级监督责任，健全完善"三务公开"检查、"村账镇代理"等监督机制。**三是健全考核机制，从严"督"权。**建立村级权力运行情况定期督导督查及年度考核机制，将检查考核情况与村干部绩效考核、评先评优等相挂钩，确保村干部廉洁履职，规范用权。**四是健全追责机制，常态"制"权。**制定村级小微权力清单制度监督管理和责任追究办法，细化行为规范、责任追究等环节，不断推进村干部规范用权、转变作风、优化服务。严肃查处独断专行、以权谋私、滥用职权等违规违纪违法行为。

村级小微权力清单制度施行以来，有效解决了小微权力权责不清、程序不严、执行失范、监督薄弱等问题，促进了党群干群关系和谐和农村社会稳定。**一是规范了基层干部行权履职。**通过清单对各项小微权力进行界定、固化，既给基层干部上了一道"紧箍咒"，也有利于村干部秉公用权、客观公

坡头镇村级小微权力清单试点培训

开地开展工作。**二是增强了群众参事议事的积极性**。事项清单和流程使群众办事更加方便快捷，责任清单和负面清单使开展村务监督有了依据和参考，群众主动参与村务、监督村务的意识越来越强。村民普遍反映："原来一件小事往往要折腾好几趟，有时候村干部也推脱，现在有了'小微权力'流程图，老百姓就跑一次腿，村干部办事也利索了。"**三是促进了农村社会和谐稳定**。小微权力清单杜绝了滥用职权和不作为两种极端现象的发生，使群众对村干部的工作多了理解和支持，减少了干部违纪、干群矛盾的发生。济源市试点以来，基层群众反映村干部信访数量同比下降59.4%，真正实现了群众明白，干部清白。

推行四项清单　以乡村善治助力乡村振兴

编者按： 武汉市蔡甸区聚焦村级组织负担重等突出问题，通过推行减负清单、责任清单、监督清单和服务清单四类清单，减轻基层负担、规范村级管理，"减负不减责"，纾缓压力、强化动力、筑牢定力、激发活力，提升了村级组织运作效率，优化了基层治理和服务能力。

蔡甸区位于武汉市西南部，江汉平原末端。全区辖10个街道（乡）、1个生态示范城、1个经济开发区，常住人口46万人。现有288个行政村，2 029个村民小组，8.9万农户，农业人口32.24万人。蔡甸区面对基层治理的现实瓶颈和人民群众的殷切期盼，聚焦基层负担重、"小微权力"运行不规范、村务监督不够有力、乡村治理能力薄弱等突出问题，推行"减负清单、责任清单、监督清单、服务清单"四类清单，减包袱、划边界、晒权力、强服务，不断加强乡村治理体系和治理能力建设，助力乡村全面振兴。

一、减负清单，为基层松绑减负

聚焦困扰基层的形式主义、官僚主义问题，以及村级组织承担的行政事务多、各种检查多、评比事项多等现象，为厘清村（社区）职责边界，理顺条块关系，挤出超出职责范围的任务"水分"，蔡甸区制订减负清单，包括正面清单、协助清单和负面清单三方面内容，明确了村（社区）"该干""协办"和"不干"事项，让基层组织"轻装上阵"，切实减负。**一是**制订《村（社区）依法自治（监督）事项清单》（即"正面清单"），将宣传国家政策、法律，开展社会主义精神文明建设活动，办理公共事务和公益事业等16项工作纳入清单管理。**二是**制订《村（社区）依法协助政府（群团）工作事项清单》（即"协助清单"），将督促适龄少年儿童入学、民族和宗教工作、维护社会治安等38项工作纳入清单管理。**三是**制订《不应由基层群众性自治组织出具证明事项清单》（即"负面清单"），将亲属关系证明、户口登记项目变更等21项工作纳入清单管理。全区证明事项出具频率显著下降，居住、贫困、参保、婚育、亲属、计生、政审、意外等证明累计出具频次下降到每月510次，每个行政村（社区）平均每月1.5次。

二、责任清单，让干部亮权明责

明确村级组织负责人和村干部职责任务。将提高政治站位、规范支部工作、为民办好实事、推进基层治理、严格廉洁自律五大类，涉及严格落实党建责任、严格落实组织生活会制度、用好党员群众服务中心、抓好精神文明建设、严格遵守廉洁自律规定等14项具体事项，列入村党组织书记党建责任清单。全面实施村级事务小微权力清单，将村级重大决策、组织人事、"三资"管理、便民服务等六大类事项，涉及集体资产资源处理、村务公开、法律援助等30项具体工作纳入清单管理，确保村级组织"照单履责"、村干部"照单办事"。如玉贤街道农力村，坚持"党建＋基层治理"，将规范支部建设、健全组织体系、充分发挥党员群众服务中心作用等事项纳入村党组织书记党建责任清单，按照"纵向到底、横向到边、全面覆盖"的原则，在全村13个村民小组建立党小组，完善村党支部、党小组、党员中心户、党员志愿者"四位一体"基层组织体系，开展以"三权"促"三责"，推行民主评议党员、星级争创、百分制党员，将具体事项分解到组（党小组）、落实到人（无职党员），切实建强基层组织战斗堡垒。

三、监督清单，使事项公开透明

对标责任清单内容，将各责任事项具体措施内容、运行步骤纳入监督清单管理，并绘制运行流程图，列清各事项关键环节、重点节点的办理条件、操作程序、公开公示等，做到一事一流程，同时对照事项清单和流程步骤，预先组织风险排摸和环节评估，梳理标注廉政风险提示，切实将村级事务落实监督化、监督清单化、运行规范化，实现村级事务"按图运行"、村干部"按图操作"、群众"照图监督"。同时，畅通监督渠道，构建区直部门专项监督、村务监督委员会监督、村（社区）群众监督有机统一的三级监督体系。如索河街道石港村在推进美丽乡村、垃圾治理、生活污水治理、人居环境整治等生态工程项目过程中，严格落实制定村经济和社会发展规划、村民自治、村集体经济项目立项等重大决策类事项清单制度，执行"五议五公开"，及时召开村民代表大会，充分征求民意、广集民智，制定适宜本村、

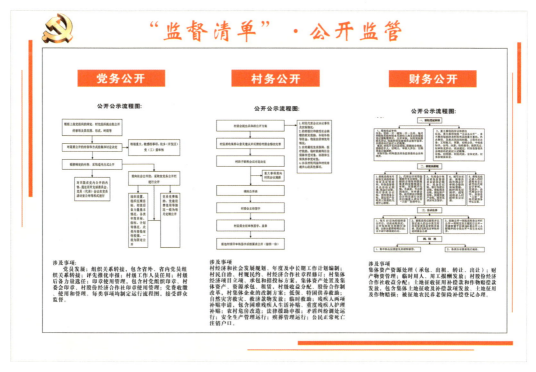

蔡甸街道汉乐村阳光财务制度

符合村民意愿的美丽乡村等生态工程建设规划，及时将建设内容、工期等主要内容公开公示，做到群众知晓、参与、满意。同时坚持项目清单制度，倒排工期，挂图作战，明确专人实时跟踪并及时公开公示，推进各类项目如期、快速建设，村湾环境面貌发生翻天覆地的变化。

四、服务清单，向群众精细服务

坚持党建引领、人民至上，聚焦基层群众所急所盼，将乡村服务队伍建设、推行红色物业、完善乡村志愿服务体系、丰富群众精神文化生活等纳入服务清单管理。坚持"大事不出村，小事不出网格"，充分发挥党员群众服务中心作用和党员先锋模范作用，统筹整合农技、医卫、法律等服务资源，通过建强基层党组织、网格化管理、机关企事业单位在职党员干部下沉等形式提升服务能力。组建党员带头、全面覆盖、行动高效的志愿服务组织，开展多种形式志愿服务活动。奓山街道星光村组建爱心帮扶队、清洁环保队、安全护卫队、纠纷调解队、文体宣传队等志愿服务队伍，坚持开展阅读分享

农力村玉兰花巾帼志愿服务队开展活动

会、法治宣讲、家庭教育公益大讲堂、送戏下乡等文化活动，以及"好婆婆""好媳妇""好丈夫""好邻居""五好家庭""致富能人""十星级文明户"等评选活动，群众幸福感显著提升。

五、四项清单，推进治理取得显著成效

蔡甸区以推行清单制为主要抓手，加快推进乡村治理体系和治理能力现代化，切实解决了基层负担重、村级事务管理不规范、群众满意度不高、村民主人翁意识不强等问题，取得了显著成效。**一是基层事务运行更加规范。**全部行政村均成立了村务监督委员会且有效运行，基层"双评议"群众满意度提升至99.5%。283个村集体完成资产清查，清理合同3 343份、合同金额18 616万元，增加村集体收入1 093万元。所有行政村落实月度公开公示村集体收入、支出明细制度，将村级财务"放在阳光下，保持透明状"。**二是基层服务能力明显增强。**基层战斗堡垒作用显著增强，建立51个社区大党委，组建46个农村片区综合党委，完成32个软弱涣散村（社区）党组织整顿并建立健全自查自纠长效机制，调整34个村党组织书记，储备后备干部613人，招录"一村多名大学生"63名。下沉党员服务力量显著增强，79家机关企事业单位、473个党支部下沉社区，5 996名机关党员全覆盖到居住地报到，认领服务岗位437个，办实事249项，累计服务8.9万小时。志愿者服务力量显著增强，从企业、村级服务社、专业技术能人中选聘志愿者，组建红色志愿服务队，累计为群众办实事1 556件。**三是基层治理水平显著提高。**"三治结合"不断深化，全区村、社区均完成村规民约和居民公约修订；所有行政村组建村级民调组织，完成村级综治中心、视频监控平台建设，参与调处矛盾纠纷47起，受理农村法律援助案件361件、法律咨询3 393人次，自觉守法、全民懂法、遇事找法的乡村法治良序逐步形成；建成354个新时代文明实践所（站），实现农村全覆盖，开展"新时尚·新礼仪·好习惯"宣讲活动26场，群众精神面貌和农村精神文明建设稳步提升。

湖南省娄底市涟源市
互联网＋村级小微权力监督
提升乡村治理能力和水平

编者按： 涟源市探索建立村级小微权力风险防控机制，全面梳理、归纳、审核村级权力事项，将与群众生产生活密切相关、有法律法规和政策制度支撑的28项内容分类建立权力清单，结合"互联网＋监督"工作，构建了一套制度化、规范化、透明化、系统化的村级权力运行体系，为监督插上科技的翅膀。

涟源市，隶属于湖南省娄底市，总面积1 830平方公里，总人口114万人，辖17个乡（镇）、3个街道和1个高新区。针对村务管理乱象丛生、村级腐败易发多发、信访举报居高不下等突出问题，于2017年3月在3个乡镇11个村启动"互联网＋村级小微权力监督"工作试点，于7月在全市推开，于11月在娄底市全域实施。实施"互联网＋村级小微权力监督"以后，村干部规矩意识明显增强，农村信访矛盾明显减少，群众满意度明显提高，乡村治理水平得到显著提升。

一、一张清单，厘清权力边界

对村级权力事项进行全面梳理、归纳、审核，将与群众生产生活密切相关、有法律法规和政策制度支撑的28项内容分类建立权力清单。其中包括村级工程项目建设、集体资产资源处置、物资和服务采购等重大决策类10项，村务、财务公开以及村级组织印章管理等日常管理类3项，贫困户建档立卡、易地扶贫搬迁、危房改造、户口办理等便民服务类15项。在此基础上，本着依法依规、于事简便、便民利民的原则，绘制权力运行流程图32幅，对每一项权力都明确政策依据、执行和监督主体、程序步骤等内容，做到有据可依、有图可循。权力清单和流程图根据实际情况适时动态调整，同时各乡（镇、街道）也可因地制宜增设"特色清单"。

二、两套机制，扎紧权力笼子

建立村级小微权力风险防控机制，构建了一套制度化、规范化、透明化、系统化的村级权力运行体系。**一是围绕权力清单，建立健全权力运行的制约机制**。建立健全"四议两公开"、村级工程建设项目管理、村级集体资产资源处置、村财民理乡镇监管、村民议事会管理等配套制度，保证每一项权力始终在制度的框架下运行。比如，建立了村级工程项目由乡镇纪委、农经、财政、规划4部门和工程项目行业主管部门"4+X"联合监管制度，村级工程项目造价和集体资产资源底价评审制度，以及村级重大事项由村民（代表）会议年度决议或授权村民议事会议年中决议的议事制度，有效解决了村级工程项目建设监管不严、造价不合理和村级议事效率低、成本高等问题。**二是围绕工作落实，建立健全推动工作的保障机制**。建立平台运行管理、数据信息采集上传、工作日常考核、责任追究等制度，对各级各部门的工作职责、工作要求做出明确具体的规定。建立县乡纪检监察一体化工作机制，通过实地察访、抽查检查等方式，聚焦村级工程建设项目、大额资金支出、资产资源处置等群众关心事项开展精准监督，推动工作落地落实。

三、三个平台，推动权力公开

打造"一网一微一栏"线上线下相结合的公开平台。**"一网"即"互联网+监督"平台**。在省"互联网+监督"平台建设"小微权力"子平台，设立"权力清单""工程项目""办事结果""资产资源"4个版块。对公开内容做到"应公开尽公开、能公开尽公开"。在权力清单版块，公开清单事项和流程图、法律依据、政策文件；在工程项目和资产资源版块，实行全过程全要素公开；在办事结果版块，公开与群众密切相关的7类事项。目前累计公开工程项目4 520个、资产资源2 948条、办事结果110万余条。农民群众只需在电脑、手机或终端查询机上轻轻一点，就能随时随地查询和监督村级每一笔财务收支、每一项权力运行、每一个工程项目、每一个办事结果。**"一微"即村务监督微信群**。按照"一村至少一群、一户至少一人"的原则，在全市建立监督服务微信群，33.52万人入群。建立"市负总责、乡镇负主责、村抓落实"的上下联动工作机制，对微信群进行统一管理，及时收集群众反映的问题并分流、督办。截至目前，通过微信群发布"三资"信息1 735件次，收集群众诉求3 806件，回复处理3 801件，办结率99%。**"一栏"即村务公开栏**。全市504个村（社区）按"标准统一、样式统一、内容统一、要求统一"的要求，建设规范化公开栏，严格按照村务公开目录按时公开，内容与线上平台相互印证、无缝对接。

村民查看村务公开栏

四、四项保障，确保长效运行

一是组织领导到位。按照"党委统一领导、政府统筹协调、纪委监督推动、部门分工负责、镇村具体落实"的工作机制，市级成立由市委副书记为组长的领导小组，领导小组办公室设在市纪委监委。各乡镇成立由党委（党工委）书记任组长的领导小组。各相关市直部门明确一名班子成员具体分管。**二是力量保障到位。**市纪委设立小微权力和监督服务微信群办公室，各乡（镇、街道）和相关市直部门成立专门机构、明确人员负责。**三是经费支持到位。**将工作专项经费纳入财政预算，市财政每年增加财政预算900余万元，用于解决村级公务"零接待"制度实施后乡（镇）财政增加的开支；对504个村（社区）按每年平均1万元的标准增加村级运转经费，用于弥补村级"四议两公开"产生的费用和村务监督委员会成员报酬等。**四是责任压实到位。**将该项工作纳入市纪委监委日常监督重要内容，建立"四个一"工作机制，对线上监测、现场暗访、审核发现的问题及时交办督办，并根据考核办法严格考评计分，对履职不到位、工作效果差的单位和个人

参观学习"互联网+村级小微权力监督"清单制度

严肃追责。

自"互联网＋村级小微权力监督"工作推行以来，通过依法确权、有效晒权、规范用权、严格督权，促进村级小微权力在阳光下运行，推进乡村治理能力和治理水平不断提升。**一是村干部用权由"任性"变"规矩"，农村基层政治生态得到净化。** 2020年村"两委"换届期间共收到反映村干部问题的信访举报51件，相比2017年村"两委"换届时的198件，减少了74.24%。**二是村务决策由"独角戏"变"大合唱"，村民自治能力得到增强。** 群众通过"四议两公开"充分参与村级议事、决策、管理、监督，村民在乡村治理中的主体地位得到真正体现。**三是村级事务由"无序"变"有序"，乡村治理法治化水平得到提升。** 通过建立权力清单和一系列配套制度，每一项权力行使都有法可依、有章可循，依法治村运行体系不断完善。**四是村级集体资产由"闲置"变"活水"，夯实了乡村振兴的经济基础。** 通过加强对村级集体资产资源的管理和公开公示，使集体资产资源处置的程序更加规范、透明。

村民查看村级工程项目实施流程图

湖南省常德市津市市
全域梳理便民清单　全力推进政务服务下沉

编者按：近年来，津市市以优化群众服务为导向，以完善乡村治理为目标，坚持"事项一次下沉、流程一优到底、信息一库认证、身份一脸识别、办事一图索引、保障一步到位"，全域梳理便民服务事项清单，并坚持便民清单精细化、极简化、数字化、制度化，全力推进政务服务下沉村（社区），群众满意度和幸福感显著提升。

津市市地处湘西北，辖4个镇、5个街道、1个省级高新区，共76个行政村（社区），总人口28万人，总面积558平方公里。近年来，津市市以优化群众服务为导向，以完善乡村治理为目标，坚持"事项一次下沉、流程一优到底、信息一库认证、身份一脸识别、办事一图索引、保障一步到位"，全域梳理便民服务事项清单，推进政务服务下沉，基本实现群众办事不出村（社区），群众满意度和幸福感显著提升。

一、把便民清单精细化，让群众办事更明白

坚持以行政相对人为中心，开展最彻底的清理，拿出事项最全面、群众办事最明白的便民服务清单。**一是转变观念**。牢固树立以人民为中心的思想，把群众的需求作为努力的方向，通过思想解放、观念突破推动"以政府部门为中心的管理型政府"向"以行政相对人为中心的服务型政府"转变，把原来"你按我的要求办"转变为"我按你的需求做"，最终实现办事方便快捷、群众愉悦满意。**二是全面清理**。对照部门职责，逐项清理论证，梳理

出自然人全生命周期需要办理政务服务事项139个，涵盖出生、就学、就医、结婚、就业、创业、建房等领域。**三是顺势下沉。**通过深挖群众需求，广纳各方意见，将身份证办理、低保申领、失业登记等69个与群众生产生活密切相关事项的审批权限，全部下放到镇街、村居，让群众在家门口、在手机上、在外地都能随时办理。

二、把便民清单极简化，让群众办事更省心

在科学确权的基础上，精简便民事项办理流程，提高办事时效。**一是资料应减尽减。**以"无证明城市"为工作理念，明确凡是法律法规没有明确规定的、能通过本级数据库查询到的、上门核实或通过会商可确认的、部门镇村无法查证的、现场证件可以认定的，这5种情形，需要提供申报材料的，一律免予提供。目前，69个下沉事项申报资料精简率达到74.2％，各种重复、循环证明减少了65类。**二是步骤应优尽优。**推行窗口、村（社区）直审机制，将一般性事项由原来的"窗口受理、股室踏勘、分管审核、局长

政务下沉清单

政务下沉服务平台

审批"等多个环节简化为窗口、村（社区）直接办结。目前，69个下沉事项办理环节优化率44.3%。例如农村危房改造申请，优化前需经入户、勘查、评议、公示等多个环节，村居、镇街、民政等部门分别公示至少5个工作日，前后耗时长达30天才能办结。现采取多级公示同步，必要环节公示期内同时进行，3天内即可办结。**三是时效应快尽快**。采取多级同步核实、同步公示、同步审批，配置统一证件钢印、出相出证等设备，开发人脸识别系统，大力压缩办理时限。目前，69个下沉事项办结时限压缩率88.1%。身份证、社保卡的办结时限均由30个工作日变为当天办结；老年优待证、就业创业证等42个民生事项实现"即办""秒批"。

三、把便民清单数字化，让群众办事更有体验感

坚持把打破"信息壁垒"作为推动工作的制高点，以科技手段为支撑，实现了信息的全面互联互通。**一是优数据提效率**。整合25个部门的46类580万余条数据信息，共享上级交换平台13类4 000万余条数据信息，电子身份证、电子户口簿等9类证照全部关联应用。此外，在确保信息畅通的同时，严格执行数据安全管理办法，不断强化数据供给、质量、安全考核力度，加大数据推送的监督能力，不断提升数据的完整性、真实性、安全性。**二是优系统提服务**。依托常德市"互联网＋政务服务"一体化平台，将69个下沉事项配置在该系统中，并做好便利化改版和数据无缝关联。同时，大力引进先进技术，在植入人脸识别、移动终端办理等功能的基础上，新增智能机器人、身份证照片的抓取打印、电子签字板录入等功能。目前，该系统根据办事情形可打印1寸或2寸个人照片，群众办证无须再额外提供照片，极大方便了群众办事。**三是优模式提质量**。建立"容缺受理"模式，由窗口根据实际情况出具容缺受理单，办理事项直接进入审批环节，过后补齐所缺法定必要资料的可邮发审批结果，真正实现群众办事"最多跑一次"。如白衣镇一吴姓群众在申请农机购置补贴时，因忘带必要的农机购置补贴经销企业供货合同，窗口办理时采取"容缺受理"模式，帮助其快速办理，其通过电子邮

津市市一件事一次办数据可视化平台

件的方式补齐该资料并经核实后，第一时间将补贴发放至惠农"一卡通"存折上。

四、把便民清单制度化，让群众办事更有保障

坚持把围绕便民清单开展政务服务作为强化乡村治理的切入点，加强整体协作，在组织、硬件、机制等方面全面保障。**一是完善领导机制**。将便民清单服务和政务下沉改革工作纳入绩效考核内容，作为党委政府的重要事项、规定动作，坚持各级党组织书记带头抓、亲自抓，并纳入基层党建述职评议内容。县处级领导靠前指挥、蹲点攻坚，确保镇（街）和部门"挂图作战"推进、村（社区）便民清单事项全面落实。**二是强化基础保障**。投入8 000多万元，完成85个镇村平台新建改造，实现一站式服务平台全覆盖。同时，为76个村（社区）配齐电脑、人脸识别仪、签字板等设备，实现一体化服务窗口全覆盖。为解决基层办事力量不足的问题，为农村51个村（社区）增配1名政务代办员，定期进行系统业务培训，实现便民清单服务力量全覆盖。**三是建立反馈机制**。在每个村（社区）设立意见反馈簿，定期组织"两代表一委员"现场体验，根据反馈意见及时优化事项流程、调整工作力

政务下沉服务协商会

量、完善硬件设施。出台"好差评"管理办法和实施方案，实体大厅和镇街全部配置了评价器，大力推行"一事一评""一次一评"，近两年累计收集系统评价数据10.8万条，好评率达99.99%。建立诚信评价机制，对于提供虚假材料和信息的办事者，审查发现后一律列入黑名单，终身不再享受绿色通道。建立容错纠错机制，对于工作人员非主观原因造成的工作失误，一律不予追责，让基层干部放下包袱、大胆服务。

广东省汕头市

建立村级小清单 赋能乡村治理"大智惠"

编者按：近几年，汕头市致力"为村组织赋能、让村（居）民受惠"，积极探索推行村级小微权力清单、负面清单、村级事务清单、公共服务事项清单、村务公开清单，有效规范村级权力运行、减轻村组织负担、推动干部履行职责、确保村民知情权、提升为民服务能力，创新实践乡村治理"智惠"路径。

汕头市位于粤东中心，濒临南海，下辖6个区、1个县，常住人口约560万人，是中国最早开放的经济特区之一，素为"岭东门户、华南要冲"。近年来，汕头市坚持"小切口大纵深""小清单"大赋能，建立实施"五小清单"，即小微权力清单、负面清单、村级事务清单、公共服务清单、村务公开清单，从权责事、人财物等方面加强全链条清单制管理，在从传统社会向现代社会的转型期，探索走出一条"为村组织赋能、让村民受惠"的乡村治理"智惠"路径。

一、制订小微权力清单，规范村级权力运行

汕头市把推进村级权力规范运行作为有力抓手，印发《关于推进村级组织权力职责规范化运行的通知》，建立村级小微权力清单，规范运行流程，编织立体监督网络，着力净化基层政治生态，密切党群干群关系，构建共建、共治、共享的社会治理格局。**一是强化党组织引领，梳理小微权力清单。**全面梳理村级小微权力事项，对"三重一大"事项坚持征求党员群众意

见在先、党组织提议在先、党员大会审议在先，重点抓好村级权力流程再造、权责事项调整、权力运行监督等工作。各区（县）把推进村级权责规范化运行作为巩固基层党组织的领导地位、全面推动从严治党向基层延伸的重要举措，认真研究制订工作方案，细化分解任务，明确时间节点，全力推进村级权力职责规范化运行。**二是制订清单流程图，促进阳光用权。**在征求17个市直单位和各区（县）意见基础上，指导各地结合实际，对照村级权责清单，依据有关法律法规和政策规定，编制了10大类57项村级权责清单流程图，明确和细化各权责事项的材料、要件和程序等内容，确保干部履职有依据，群众办事有指引。**三是织密监督之网，防治小微腐败。**构建上级职能部门、村务监督委员会、村（居）民有机统一的三级监督网络。充分利用宣传栏、广播电视、网络等渠道，向社会公开权责清单及运行流程图，把"小微权力"晒在"阳光"下，让群众能够监督、便于监督、乐于监督。同时，严格村级权责运行责任追究，对违反清单办事的单位和负责人严肃问责追责、曝光通报，保持惩治微腐败高压态势，形成有权必有责、用权受监督、失职要问责、违纪要追究的良好机制。

澄海区隆都镇前美村村务公开栏

二、制订负面清单，推动干部履职尽责

全市1086个村（社区）全面完成"两委"换届后，汕头市坚持把加强村（社区）干部队伍建设、促进廉洁履职作为加强基层党建、深化基层治理的突破口和着力点，出台村（社区）"两委"干部履职负面清单50条，推动村（社区）干部依法依规履职尽责。**一是制订村（社区）"两委"干部履职负面清单。**坚持把纪律约束瞄在点上、打在痛处，紧扣相关法律法规及党章党规，紧贴村（社区）易发多发的各类违纪违法问题以及群众最为关注的切身利益问题，深入分析、反复研究，制订出台村（社区）"两委"干部履职负面清单，从政治立场不坚定、重大决策不合规、组织生活不严肃、财务规定不执行、服务群众不作为、工作纪律不遵守、履行职责不廉洁、自身形象不端正八大方面，细致列出了村（社区）干部50种负面行为，划出了一道道看得见、摸得着、易理解、须坚守的行为红线。**二是积极开展培训教育活动。**将负面清单纳入村（社区）党组织书记培训课程，编印发放《汕头市村（社区）实务工作手册》，把负面清单内容与相关政策法规、村级小微权力清单、村（社区）干部违法违纪典型案例等一并汇编入册，教育引导村（社区）干部按清单办事、依规范用权。

三、制订村级事务清单，减轻村级组织负担

为依法界定基层权责边界，实现政府治理、社会自我调节和居民自治的良性互动，汕头市结合本地实际，在广泛征求意见的基础上，于2019年9月印发《汕头市村（居）民委员会工作职责事项指导目录》（以下简称《指导目录》），对基层群众性自治组织工作职责事项、协助政府工作职责事项、应取消和禁入事项分别作出明确规定。2021年1月，对《指导目录》进行修订，实现了与民法典的有效衔接。《指导目录》以清单形式，分别对汕头市村民委员会群众自治工作职责事项（8类47项）、协助政府工作职责事项（13类76项）、应取消和禁入事项（19项），以及事项对应依据——明确，让村级

组织从行政执法、拆迁拆建、城市管理等过多的行政事务中摆脱出来，回归服务群众的主责主业。同时，为确保镇（街道）兜得住、不转嫁，按照"事""权"统一原则，实施"放权强镇"改革，扩大镇街管理服务权限，以清单式下放镇街市场监管领域行政职权231项、工程建设领域行政职权252项，其中综合执法404项，提高镇（街道）履职保障能力。

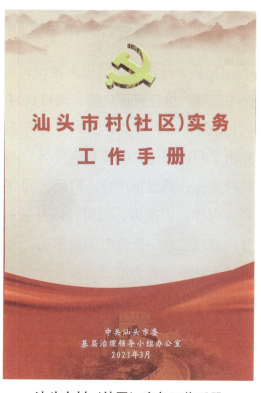

汕头市村（社区）实务工作手册

四、制订公共服务事项清单，提升为民服务能力

一是制订村公共服务目录。按照"公共服务最大化、社会效益最优化、服务形式开放化"原则，指导村（社区）制订《村（社区）"智惠"服务目录》，分设村级组织运作、生产生活服务项目6大类36小项。应用大数据提升便民服务水平，结合"数字政府"建设，推广应用"市民之窗"政务服务自助终端机，推动"乡村钉、腾讯为村、村村享"植入政务服务"粤省事""粤商通"App和微信公众号，打造指尖上的政务服务。**二是组织编制公共法律服务清单。**建成村（社区）公共法律服务工作室1 086个，实现全市村（社区）全覆盖。梳理编制公共法律服务工作室服务清单以及服务指南，积极组织各类法律服务资源进驻，有效对接农村重大基础设施、产业项目、民生工程、脱贫致富等村级事务的法律体检、法制审查，为群众提供"点单式"服务。同时，通过各类渠道进行公开宣传，确保基层群众充分知悉并合理使用。

五、制订村务公开清单，确保村民知情权

为了加强农村基层民主建设，保障村民对村务的民主决策、民主管理、民主监督，推进村民自治，促进农村经济发展和社会进步，汕头市于2014年4月出台《汕头经济特区村务公开条例》，对村务公开内容、时间、程序等作出了明确规定，指导各区（县）结合实际制订出台本地具体公开目录，明确村务公开的表格内容、时间、程序，对照开展村务公开，做到程序规范公开、内容全面准确。同时，以开展村务公开"五化"（设施建设标准化、公开内容规范化、公开时间经常化、公开形式多样化、公开地点公众化）创建活动为抓手，着力推进村务公开的规范化、常态化发展，取得良好成效，切实保障了村民的知情权、参与权和监督权，有力促进了村级事务在阳光下运行。

重庆市渝北区

明确村级组织承担事项
助推基层减负增效

编者按： 渝北区聚焦村级组织减负增效，通过建立自治清单、协助清单、负面清单、证明清单"四张清单"制度，厘清了村级组织工作范畴，明确了基层工作权责，解决村级组织工作事项多、考核评比多、机构挂牌多、盖章证明多等问题，实现了"松绑减压"提效能、高效服务谋发展、多元共治促和谐的目标，打造了政府治理、社会协同和村民自治互动的良好乡村治理格局。

渝北区位于重庆北大门，辖区面积1 452平方公里，辖11个镇、19个街道，常住人口219万人。渝北区以推动基层治理减负增效为目标，出台《渝北区村级组织工作事项准入制度实施办法》，建立村级组织依法自治事项清单、依法协助政府工作事项清单、负面事项清单、依法出具证明事项清单"四张清单"制度，累计减少部门和镇（街道）延伸事项340项，为村级组织总体减负50%以上，切实做到基层组织"松绑减压"、赋能增效，着力提升乡村治理和为民服务水平，加快构建政府治理、社会协同和村民自治良性互动的工作格局。

一、定好自治清单，提升治理能力

一是明确自治事项。 根据国家有关法律法规、地方性法规，以及市委、市政府有关规定，梳理确定村级组织调解民间纠纷、办理公益事业等23项

统景镇江口村民情茶室听民意解民忧

依法自治事项清单，明确村级组织依法履职工作内容，厘清工作责任边界，进一步发挥好村级组织在基层治理中的基础性作用。**二是加强民主协商。**坚持农民主体地位，注重加强民主协商，村级组织在带领广大农民群众搞生产、谋发展过程中，凝聚力、组织力、战斗力不断增强，干部群众干事创业激情充分激发。比如，为解决"双十万工程"推进中群众不理解、不支持等问题，统景镇江口村探索总结出"民情茶室"自治模式，在老百姓集中居住地设置"一室一桌一茶"，听民情、解民忧、聚民心，营造起"村级事务大家互商共办、发展成果人人共享"的良好氛围，极大促进了村级集体经济发展。目前，该村已栽植优质特色柑橘5 500亩，丰产期后预计年纯收入达到5 000万元，农民户均分红可在6 000元以上。**三是推进"三治"融合。**建立村规民约、村民议事会、红白理事会和道德评议会，大力推行"三事分流"工作法，实施村级事务"阳光工程"，全面实行村级重大事项"四议两公开"，纵深推进村民自治领域扫黑除恶各项工作，不断健全监督机制，将实施10万亩经果林和10万亩生态林"双十万工程"、农村人居环境整治、发展壮大村级集体经济等，纳入村级协商内容，充分调动农民参与乡村治理的积极性，实现基层治理"三治"融合。

二、定好协助清单，推进多元共治

一是规范协助事项。明确村级组织应当依法协助政府做好社会救助、维护辖区社会治安等工作清单27项，督促区级部门按照"费随事转、权随责走"要求，从指导服务、人员配备、经费投入等方面，为村级组织依法协助政府工作事项给予支持和保障。除依法明确协助政府工作事项清单外，其他需要基层组织协助事项，一律严格把关、限制准入，为部门随意委托行为戴上"紧箍咒"。**二是推进"三社联动"**。以社区为平台、社会组织为载体、社会工作者为支撑，大力推进社区、社会组织、社会工作者"三社联动"，开展心理疏导、资源链接、权益维护等社会工作，引导区级部门购买其提供的服务，实现资源互通、多元共治，更好地为困难群众排忧解难。比如，区民政部门购买"红领巾"社工机构服务，为统景镇西新村14户贫困户提供志智双扶、致富能力提升等服务，坚定贫困户脱贫信心，提升脱贫致富技能，帮助建立西新村水果销售联盟，帮助销售贫困户农产品4.5万余元，培育起一支贫困家庭妇女"半边天"工作队，引导其开展人居环境整治、文明乡风培育、农村精神文化活动等志愿服务，助力脱贫攻坚和乡村振兴。**三是减轻考核负担**。对购买基层组织服务的事项，改变目标考核评价方式，以合同条款为依据开展满意度评定，切实减轻村级组织考核负担。

统景镇东河畔"双十万工程"

三、定好负面清单，推动松绑减负

一是立定红线规矩。 明确规定不得将村级组织作为行政执法、拆迁拆违、环境整治、城市管理、招商引资、协税护税、生产安全管理7项工作的责任主体，为"万能村委"松绑。开展规范挂牌和工作机构专项治理，整治"各自为战"，共核减部门、镇（街道）在村级组织设立的工作机构及牌子18个，规范管理制度、活动制度、工作规范等上墙制度25项。**二是推动回归本源。** 通过订立准入规矩、严控准入源头，将专业性极强的工作"挡在门外"，让村级组织卸下包袱、轻装上阵，集中精力更好地开展村民自治、服务群众、推动发展。**三是实行动态管理。** 结合发展实际，对因法律法规制定、修改、废止以及"放管服"改革不断深化等原因，确需新增或取消的负面事项，严格执行事前协商、评估审核、审定批准程序后，动态纳入清单管理。

四、定好证明清单，提高服务质效

一是推行减证便民。 明确各部门、企事业单位、社会组织职责范围内的核实证明事项，不得要求村级组织出具证明。取消村级组织出具证明事项35项，梳理保留村级组织依法出具证明事项7项，并列明设定依据、统一办事指南、制订表单样本、简化办理程序、畅通办理渠道，为农民提供"一门式办理""一站式服务"，实现简单证明当场办结、复杂证明限时办结。**二是依法据实证明。** 对国家部委、市外要求提供的证明事项、民商事主体或其他社会组织要求办事群众提供的证明事项，属于"自我管理、自我教育、自我服务"自治范畴的，由村级组织依法据实提供。对未纳入证明事项清单的，经评估核实，在预先防范法律风险的基础上，依法据实出具证明，最大程度为群众提供高效优质服务。**三是强化部门协同。** 建立部门间信息核查反馈机制，依托"渝快办"、政务云等数字服务平台，推动政务数据资源"聚通用"，畅通高频信息授权查询方式，实现数据互通、资源共享、联动联办，避免重复提交纸质证明，让群众"少跑腿"、数据"多跑路"，变"群众来回

重庆市基层群众性自治组织依法出具证明事项清单

序号	事项名称	要求提供证明单位	证明用途	依据	证明方式	备注
1	国内公民办理收养证明	民政部门	在办理国内公民收养登记中证明收养人婚姻状况和抚养教育被收养人的能力等情况。	1.《中国公民收养子女登记办法》第五条。2.《国务院关于修改部分行政法规的决定》（国务院令第709号）。	村（居）民委员会提供证明。	1.本事项保留自《关于进一步规范村（社区）证明事项的通知》(渝府办发〔2018〕56号)附件1第2项。2.符合《关于改进和规范基层群众性自治组织出具证明工作的指导意见》(民发〔2020〕20号)文件精神。
2	农村土地承包经营权办理变更证明	农业部门	用于农村土地承包经营权变更、办理农村土地承包经营权证。	1.《中华人民共和国农村土地承包经营权管理办法》第七条、第十四条。2.《重庆市实施〈中华人民共和国农村土地承包法〉办法》第三十条。	村（居）民委员会签署意见。	1.本事项保留自《关于进一步规范村（社区）证明事项的通知》(渝府办发〔2018〕56号)附件1第5项。2.符合《关于改进和规范基层群众性自治组织出具证明工作的指导意见》(民发〔2020〕20号)文件精神。
3	乡村建设规划许可村民委员会书面意见	城乡规划主管部门，乡（镇）政府、街道办事处	证明申请人为本集体经济组织成员、同意申请人在本集体经济组织规定地范围内申请住宅建设。	1.《重庆市乡规划条例》第四十八条、四十九条。2.《重庆市农村村民住房规划建设管理暂行办法》第七条。	村（居）民委员会签署意见。	1.本事项保留自《关于进一步规范村（社区）证明事项的通知》(渝府办发〔2018〕56号)附件1第8项。2.符合《关于改进和规范基层群众性自治组织出具证明工作的指导意见》(民发〔2020〕20号)文件精神。
4	政治考察证明	征兵办公室	对体格检查合格的应征公民进行政治审查。	1.《征兵工作条例》第二十一条。2.《征兵政治考核工作规定》第二十条。	村（居）委员会登记访人员签署意见。	1.本事项保留自《关于进一步规范村（社区）证明事项的通知》(渝府办发〔2018〕56号)附件1第10项。2.符合《关于改进和规范基层群众性自治组织出具证明工作的指导意见》(民发〔2020〕20号)文件精神。
5	办理不动产登记、公证、税务业务的亲属关系证明	司法部门税务部门	用于当事人继承遗产、委托人买卖房屋、交通事故的保险理赔、出国旅游探亲等公证事项。	1.《公证法》第十一条。2.《财政部国家税务总局关于土地增值税一些具体问题规定的通知》(财税字〔1995〕48号)。3.《重庆市地方税务局关于土地增值税若干政策执行问题的公告》[重庆市地方税务局2014年第9号]。4.《关于改进和规范基层群众性自治组织出具证明工作的指导意见》(民发〔2020〕20号)附件第1项例外规定。	村（居）民委员会提供证明。	仅用于不动产登记和公证办理。
6	婚姻登记档案丢失的婚姻状况证明	民政部门	用于婚姻登记档案丢失时，出具婚姻情况证明。	《关于改进和规范基层群众性自治组织出具证明工作的指导意见》(民发〔2020〕20号)附件第8项例外规定。	村（居）民委员会提供证明。	仅用于婚姻登记档案丢失的情况。
7	申请法律援助的经济状况证明	司法部门	用于证明当事人家庭经济状况符合法律援助经济困难标准。	1.《重庆市法律援助条例》第二十六条、第十七条。2.《关于改进和规范基层群众性自治组织出具证明工作的指导意见》(民发〔2020〕20号)附件第17项例外规定。	村（居）民委员会签署意见。	仅用于申请人住所地或者经常居住地不一致时，村民人民政府、街道办事处无法掌握清楚其经济困难状况时，可参考村（居）民委员会出具的意见。

说明： 本清单摘自渝北民〔2020〕266号文件。本清单对民发〔2020〕20号负面清单中6种例外情况和渝府办发〔2018〕56号保留清单10项事项进行整合。其中1~4项为渝府办发〔2018〕56号保留清单事项，同时包含了民发〔2020〕20号负面清单2种例外情况；5~7项为民发〔2020〕20号附件中4种例外情形。另外渝府办发〔2018〕56号保留清单10项中4项（家庭经济状况证明、住所证明、婚姻情况证明、就业创业登记申请人信息证明）与民发〔2020〕20号规定不一致，予以调整；2项（城乡低保申请人信息证明、特困人员救助供养申请人信息证明）属村（居）民委员会依法协助政府工作事项，在渝府办发〔2019〕23号中已明确。

基层群众性自治组织依法出具证明事项清单

跑"为"部门协同办"。

"四张清单"管理制度是深化拓展基层减负增效工作的有益探索和具体实践。通过列明事项、清单管理，厘清了村级组织工作范畴，明确了基层工作权责，有效解决了村级行政事务多、检查评比多、机构挂牌多、不合理证明多等问题，引导激励广大基层党员干部将宝贵的时间和精力聚焦于干事创业、为民服务、推动发展上，打造了管理有序、服务标准、文明和谐、便民高效的坚强基层堡垒，为加强和改进乡村治理、全面推进乡村振兴奠定了坚实基础。

四川省德阳市罗江区
注重"四个突出" 解决乡村治理难点问题

编者按：德阳市罗江区聚焦村（社区）机关化、行政化等突出问题，找准切入点，通过突出减负、赋能、增效、清廉四个方面，凝聚力量，着力推进治理体系、机制、能力建设，进一步厘清了基层群众性自治组织与上级政府的权责边界，让村（社区）回归本职，干部轻松"上阵"，将工作的主阵地由"房间"转向"田间"，把党和政府的各类政策扎扎实实落地，大幅提升农民群众的获得感。

德阳罗江区位于成都平原北部，辖区面积448平方公里，辖7个镇、93个村（社区）、总人口25万人。在乡村治理工作中，罗江区聚焦村（社区）机关化、行政化等突出问题，找准切入点，通过突出减负、赋能、增效、清廉，凝聚发展力量，着力推动乡村治理体系、机制、能力建设。

一、突出减负，规范村级事务

一是松绑"万能村居"。建立事项准入制度，明确涉及村（社区）的13项依法自治事项、57项依法协助政府事项和10项负面事项，厘清基层群众性自治组织与上级政府权责边界，杜绝层层转嫁责任。**二是整治"万能公章"。**编制基层群众性自治组织开具证明事项清单和不应由基层群众性自治组织出具证明事项清单"两张清单"，将村（社区）出具证明事项由62项压缩至4项。积极推进"放管服"改革，探索"个人承诺制"证明形式。**三是整治"过度留痕"。**严格开展考核工作年度计划执行和审批报备，同一部门原则上每年最多开展1次综合性督查。建立区基层治理促进中心预审工作表格制度，2021年3月执行以来，全区仅下发表格7张，叫停2个区级部门未经审批自行下发表格的行为。**四是整治"文山会海"。**全面实行"精文减会"，单份文件原则上不超过5 000字，内容与上级文件重复率超过50%的不予发文；将每周三、四定为全区"无会日"，安排同一事项的会议原则上只开1次，给干部抓落实留足时间。

二、突出赋能，激励干事创业

一是优化组织设置。着力解决"小马拉大车"问题，调整"超大党支部"，升格村（社区）党委23个、党总支44个，结合乡村振兴，围绕产业布局、项目建设等设立二级党支部89个；因地制宜调整村（社区）常职干部职数，在以往4职的基础上普遍增加1～3名常职干部，配强工作力量。**二是优化薪酬体系。**对村（社区）常职干部实行专职化管理，建立"基本补贴+岗位补贴+保险补贴+绩效考核奖励+职称补贴+职级补贴"全方位、全过程激励的薪酬体系，大幅提高村（社区）常职干部基本报酬，提升岗位吸引

成立城乡基层治理学院为基层干部赋能

力。常职干部薪酬普遍增长3万元左右。**三是优化培训模式**。依托地方大学力量，成立城乡基层治理学院，分层分类开设壮大村集体经济、城乡基层治理、发展特色产业等专题培训班；组织村（社区）干部到成都、重庆等地区开展跟岗锻炼、现场教学。通过"理论＋实践"，既教干什么，又教怎么干，学院成立以来共开展5期培训，参训500余人次。

三、突出增效，完善公共服务

一是提升便民服务质量。强化村（社区）干部民生事务"代办员"职责，抓实全省第二批镇村便民服务标准化、规范化、便利化"三化"建设试点工作，扎实推进5个镇50个村（社区）"三化"建设任务，努力实现基层事情基层办、基层权力给基层。充分考虑镇村承接能力，下放便民服务事项镇级108项、村级51项（代办事项35项、全程办理事项16项）。2021年1—7月全区村（社区）代办件总量6 400余件，较去年同期增长76%。**二是提升产业发展水平**。强化村（社区）干部产业发展"领路人"职责，将减负赋能的成效转化为发展产业的动力，围绕"一核一环一廊"县域空间发展规划，打破行政区划壁垒，抓好优质粮油、晚熟柑橘、贵妃枣等特色产业，形成了45个特色村、11个园区产业村。**三是提升基层治理能力**。强化村（社区）干部群众自治"组织者"职责，结合村（社区）"两委"换届，完成红白理事、

定向议事代表制度为基层服务增效

公共卫生、人民调解等村（居）委会下属委员会的组建及负责人的推选，同步产生定向议事代表3 429名，构建了"村级党组织+群众组织+社会组织"的基层共建共治体系。

四、突出清廉，护航乡村治理

一是健全小微权力清单。完善"四清四明"工作法，聚焦村级重大事项决策、资金管理、项目招投标管理、资产资源处置等集体管理事务，制订小微权利清单（一事一清单）。运用宣传栏、便民小卡片、服务指南手册等多种载体，主动公开清单内容。编制"微权力"运行流程图，设置"小微权力监督平台"，开通"民意直通车"功能模块。通过"清权、清责、清流、清单"四清举措，达到"干部用权明晰、群众办事明白、追究责任明确、办事结果明了"的四明效果，明晰干部责权，改变传统的村干部"一把抓""一手抓"的混乱局面。**二是强化"三务"公开机制。**严格执行集体"三资"管理各项制度，建立集体资产、资源登记簿，规范资金管理账目。将"村财镇管"升级为"村财区审"，全面实施"组财镇管"，坚持无现金结算和"一卡通"管理长效机制。每月定时公开村级事务管理、基础设施建设、集体"三资"使用等党务、村（居）务、财务情况。重要事务、重大资金使用、重点工程建设等涉及村（居）民利益的重大问题以及群众关心的重要事项及时"一事一公开"。**三是完善监督体制机制。**按程序换届选举产生村（社区）监委会，规范村级监督组织履责清单，建立监委会例会制和年度报告制。及时整改村（社区）干部发生的违纪违法问题和各级监督检查、巡察巡检等反馈的问题，定期运用典型案例开展警示教育，探索建设"警示教育微基地"。**四是弘扬清廉文化。**开展"传家风、立家规、树新风""好风传家"等活动，加强家风家训宣传；探索建设家风家训展示阵地，广泛分享优良家风家训。将清廉元素积极融入基层群众文化艺术活动、村（居）民院落建设中，建设村级清廉文化基地。梳理村规民约，通过公示栏、入户上墙、定期宣传、模范评选等措施加大宣传引导力度，让村（居）民熟知并自觉执行。建好用好红白理事会，运用村规民约对婚丧嫁娶等事宜开展引导，反对陈规陋习，提倡节俭之风。

阳光问廉走进乡村

通过实施清单制管理，罗江区进一步厘清了基层群众性自治组织与上级政府的权责边界，推动村（社区）回归抓党建、抓治理、抓服务的本职。**一是村（社区）实现轻松"上阵"**。通过建立自治、协助、负面"三张清单"，进一步明确了各类事项的责任主体，有效破解以往权责不明晰、经费配备不到位而导致的基层疲于应付的问题。**二是干部活力得到充分激发**。通过探索专职化管理，完善村（社区）常职干部职业薪酬体系，进一步提高干部的待遇，切实增强了岗位的吸引力，推动村（社区）干部更加专注工作，工作活力得到充分激发。**三是工作质量得到保障**。通过建立事项准入制度、健全职业薪酬体系、完善乡村治理监督机制等措施，推动村（社区）干部回归主责主业，将工作的主阵地由"房间"转向"田间"，有效提升了工作的精细化程度，党和政府的各类政策得到扎扎实实落实，农民群众的获得感大幅提升。

第二部分
强化组织领导，完善治理体制

吉林省长春市双阳区

"1+3+X"加强基层党组织建设
提升乡村治理能力

编者按：双阳区以解决农村基层"六难""六盼"为抓手，结合屯（组）实际，采取"1+3+X"的基层治理模式，充分发挥基层党组织的引领作用，以及在基层治理、环境卫生整治、屯组经济发展等方面的推动作用，在乡村振兴的各个领域全面发力。

双阳区位于吉林省中部、长春市区东南部，于1995年撤县设区，面积1 677平方公里，辖8个乡（镇、街道）、134个行政村，总人口33.57万人，区位条件优越、自然资源丰富、生态环境优良、旅游景观独特、特色产业鲜明，是国务院命名的"中国梅花鹿之乡"。近年来，吉林省长春市双阳区坚持把加强基层党组织建设作为切入点和着力点，逐步推行"1+3+X"治理模式，有效推进了乡村自治、法治、德治建设，有力促进了基层治理能力全面提升。

一、把"支部建在屯上"，创新"1+3+X"基层治理模式

随着农村经济社会结构、农民思想价值观念发生深刻变化，双阳区乡村治理面临着新的挑战，具体表现为农村基层存在"六难""六盼"。"六难"，即群众难组织、自治难深入、事业难推进、素质难提高、活动难开展、工作难落实；"六盼"，即盼身边建立党支部、盼发家致富有门路、盼村民自治有

深入、盼公益事业有投入、盼文体活动有服务、盼精神文明抓到户。

针对这种情况，双阳区结合屯（组）实际，在反复研究、充分论证的基础上，决定采取"1+3+X"的基层治理模式。"1"，即一个由党支部统一领导的管理架构，开展屯（组）党建和屯务工作；"3"，即由屯委会主任、综治协管员、妇女委员3名实职委员组成的核心团队，负责管理本屯（组）各项事务；"X"，即由若干名热心公益事业、有威望的老党员、种养大户、致富能人、合作社负责人等志愿者组成的义务委员队伍，参与各项屯（组）工作。其中，"1"的关键是"重心下移"，把基层组织建设的着力点从"村"延伸到"屯"，在基层竖起党的旗帜，筑牢执政根基；"3"的关键是"横向发力"，在屯一级党支部的引领下，打破三支队伍各自为战的条块分割，实现工作资源的整合共享；"X"的关键是"凝聚合力"，最大限度发挥基层义务委员的作用，汇聚团结一心、服务群众的工作"正能量"。

多年来，双阳区把强化"1+3+X"功能作用作为加强农村基层治理的有力抓手，推动了乡村治理体系建设。2019年，被确定为全国乡村治理体系建设试点示范区后，双阳区对"1+3+X"基层治理模式进行了拓展深化，将"1"延展为区乡村屯（组）四级党组织网络，"3"拓展为自治、法治、德治"三治融合"，"X"扩展为各部门各单位齐抓共管，并将企业、社会团体等组织纳入乡村志愿服务组织。形成了区乡村屯（组）四位一体、各部门各单位紧密结合、乡村志愿服务组织协同作战的乡村治理体系，为有效提升治理效能提供了坚实保障。

二、强"资源要素保障"，推动"1+3+X"基层治理模式高效运行

为确保"1+3+X"基层治理模式规范运作，双阳区出台了《关于进一步完善"1+3+X"基层治理模式的指导意见》《双阳区推进乡村治理体系建设试点示范实施方案》《关于完善屯党支部规范化建设的具体办法》等9个配套文件，从人员配备、制度规范、工作经费、场地提供等方面给予了全方位保

障，切实形成了乡村治理工作合力。

（一）选人办事

采取"一屯一支部"自建或"多屯一支部"联建的方式建立屯党支部，秉持"宜屯则屯、宜组则组"的原则组建屯委会，灵活采取个人自荐、联名推荐、公开竞争、村民选举等方式产生屯委会委员。全区134个村1286个屯（组）共组建屯党支部893个，屯委会1254个，基本实现全覆盖，实职委员3760人，志愿者1.3万人。

（二）建章理事

按照党章和有关要求，制定了屯党支部工作职责和规范，明确了宣传上级党委会议精神、加强党员教育管理等工作职责，屯委会发展屯组经济、信访维稳、环境整治等工作内容，以及"X"义务委员开展志愿服务、文化传播、法律宣讲等工作内容，确保服务群众更加规范化、制度化、标准化。

（三）激励干事

自2014年以来，全区累计支出1300多万元用作屯党支部活动经费、屯委会场所费和屯委会委员的补贴。其中，从区管党费列支142.9万元，按照每个屯党支部每年400元的标准，发放党建活动经费；区财政每年拨付屯委会一定额度的场所费，累计达270万元；区政府从财政预算中列支专门资金930万元，对屯委会主任、综治协管员、妇女委员按2：1：1比例给予补贴，补贴标准视所在屯服务人口数量而定。

（四）有地议事

按照有场所、有广场、有标识、有图版、有资料、有制度的"六有"要求，以有偿使用的方式将屯党支部办公场所"挂靠"在村屯文化大院、小卖店等人员相对集中地点。同时，充分利用民政部门出资建设的五保住房、养老大院以及老村部等闲置资源，建设独立办公场所19个，让群众"足不出屯"就能反映诉求、商议屯务、解决问题。

（五）合力成事

成立了乡村治理体系建设试点示范工作领导小组，由区委书记和区长担任组长，相关责任部门和单位主要负责人为成员，负责推动此项工作。领导小组下设办公室，安排专人专职，负责决策落实、组织协调、任务推进、督促检查等各项工作。同时，各乡（镇、街道）分别成立了相应的组织机构，建立了层层负责、相互协调的推进机制。

三、让"小官干大事"，发挥"1+3+X"基层治理模式整体功能

充分发挥"1+3+X"模式在基层治理、环境卫生整治、屯组经济发展等方面的推动作用，在乡村振兴的各个领域全面发力。

（一）坚持以民为本，"协商性"参与决策，形成村民自治的良好局面

"1+3+X"成员带领村民自我教育、自我管理和自我服务，在屯组建立了重大事项"三评议、三公开"工作制度，即在建设基础设施、确定低保人选资格、发展公益事业3个方面，召开支部会议、屯（组）会议进行民主评议，并公开这3个方面评议事项的具体内容、条件标准、评议结果，真正做到屯务齐抓共管、公正透明。近3年，参与议事评议的村民高达1万余人次，提出意见300余条，公开各类信息800余条。同时，"1+3+X"成员以顺口溜、打油诗等易懂易记的方式，为各自屯（组）制订《屯规民约》，让村

屯组干部疫情防控期间在卡点值守

民用自己制订的制度管理自己。2020年新冠肺炎疫情防控期间，部分屯（组）党支部将疫情防控报告制、跟踪制、隔离制修订进村规民约，通过卡点监查、入户调查、群众自查等方式，掌握进村入屯人员和返乡隔离人员基本动态，牢牢守住了农村防疫"最后一公里"。

（二）坚持以法为基，"零距离"化解矛盾，营造和谐稳定的社会氛围

充分发挥"1+3+X"成员在屯内威望高以及人熟、地熟、情况熟的优势，注重用法理、亲情、感情去化解邻里矛盾和屯内纠纷，做到了小事不出屯、大事不出村，情况能稳控、矛盾不上交。近3年，全区"1+3+X"成员共组织排查问题1 200余人次，排查各类隐患1 600余个，帮助群众解决问题1 800余个，信访积案得到化解、信访总量明显下降。

（三）坚持以德为先，"宽领域"开展活动，树立民风淳朴的文明新风

在"1+3+X"成员的具体指导下，深入开展最美屯官、致富能手、好媳妇、文明户等评比活动，以道德评议和社会舆论的力量推动社会主义核心价值观落细落实。同时，积极引导乡村艺术能人发挥自身特长，编排表演群众喜闻乐见的节目，奏响奋发向上、崇德向善、正气高扬的时代主旋律。近3年，全区共组织开展农民文化活动900余次，组建业余文艺演出队150余个，自编自演节目1 000余个，受益群众达5万余人。太平镇被评为全国文明村镇。

鹿乡镇依托鹿产品打造特色一条街

（四）坚持以富为要，"抱团式"发展产业，拓宽增收致富的创业门路

充分发挥"1+3+X"成员领富带富主心骨作用，积极推行"屯党支部+产业""屯委会+合作社""致富能人+贫困户"等模式，大力发展乡村旅游、休闲农业、庭院经济、农村电商等特色产业，带动屯（组）逐步向一屯一业、一屯一特方向发展，基本实现了"建一个组织、兴一项产业、活一地经济、富一方百姓"的目标。近3年，全区培养农村致富带头人1300多人，有致富项目的党员800多人，培育"一品屯"157个、特色一条街149个，农民专业合作社发展到1400余个、吸纳社员1.7万人，辐射带动贫困户脱贫200多户。

（五）坚持以净为美，"常态化"整治环境，打造整洁靓丽的农村面貌

屯党支部成员把环境卫生整治作为重要的工作内容，在屯（组）建立了"网格化+五包"环境卫生管理长效工作机制。"网格化"即将全屯保洁区域划分为若干责任片区，以"1+3+X"成员为"片长"，带动片区内村民落实保洁责任，形成了户户参与、人人出力的局面；"五包"，即包室内干净、院内整洁、门前卫生、绿化美化、无违法建筑，实现村屯环境治理全覆盖、长效化。截至目前，美丽庭院发展到4600户，干净人家发展到1.4万户，生态镇、美丽乡村比例居全省前列。

太平镇小石村实现了从贫困落后到产业兴、村庄美、农民富、民风好的蜕变

江苏省宿迁市宿豫区
以"三定四专五化"为抓手推进乡村治理现代化

编者按：江苏宿迁市宿豫区从补齐农业农村发展的人才短板入手，强化党建引领，建立起"三定四专五化"制度，通过定岗、定人、定责，保障待遇、拓宽晋升渠道等方式，细化责任分工、完善岗位职责、搭建激励机制，实现加强农村干部队伍建设、压实岗位责任的目标，推动乡村治理提质增效。

宿豫区位于宿迁中心城市以东，区域面积685平方公里，户籍人口50万人，辖6个乡（镇）、4个街道、82个村（社区），管辖区域、人口结构以乡村为主，是典型的农业县区。为解决乡村治理面临的基层组织体系有待优化、组织动员能力有所弱化、干部人才队伍加速流失、集体增收路径难以持续等问题，宿豫区坚持以基层党建为引领，探索成立新型农村社区党委（"一委"），设立党建工作站、文明实践站（"两站"）和便民服务、产业发展、生态优居、网格治理、富民增收专职岗位（"五岗"），推动实体化运行，着力打造党建引领乡村治理的"宿豫样板"。

一、强化组织建设，以"三定"激活党建"全盘棋"

结合推动"一委两站五岗"模式，对所有村（社区）干部设岗定责，强化分岗管理。**一是融合式"定岗"提能。**新型农村社区党委充分整合、统筹

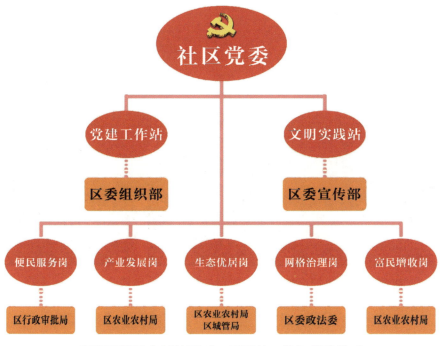

宿豫区新型农村社区"一委两站五岗"党建模式

管理村级人财物等各类资源，全面领导社区各类组织及基层党建、社会治理、农房改善等各项工作。结合岗位实际和人员特点，按照党建工作站、文明实践站和便民服务岗、产业发展岗、生态优居岗、网格治理岗、富民增收岗，分别对村"两委"成员进行合理定岗，推动工作效能提升。**二是精准式"定人"提力。**聚焦村"两委"换届，通过查档案、看实绩、个别谈、共同议、联审查等形式，对全区所有村"两委"班子逐人见面考察、多轮精准研判、全面综合分析，依据个人工作经历和特长，将人员安排至合理岗位。同时，把不符合换届条件的原村"两委"成员流转到专职工作者岗位，使他们退后有舞台、干事有平台。换届后，新提名党组织书记、村"两委"成员平均年龄分别为40.4岁、37.5岁，较上届分别降低5.1岁、7.4岁，大专以上学历占比分别达到82.9%、67%，有180余名优秀"返乡兴村"新村干进入村"两委"班子。**三是清单式"定责"提效。**全面梳理村级工作事项，明确到每个专职岗位，分岗制订职责清单，综合上级工作安排和村情实际，由乡（镇）设定岗位年度目标，并按月或按季度进行考核，发放考核报酬。

曹集乡曹家集社区返乡兴村新村干转任"富民增收岗"负责人

二、筑牢制度保障，以"四专"锻造管理"硬实力"

牢固树立队伍建设是基础建设的理念，切实加强干部队伍建设，激发内在活力。**一是进退有专用制度。**出台《宿豫区村（社区）干部联审联查实施办法（试行）》《宿豫区村（社区）干部选拔任用办法（试行）》等专职化管理系列文件，明确干部选任标准、程序和13种刚性退出情形，坚持"凡进必审，凡违必清"，严把资格审查"入口关"和常态履职"监督关"，常态化村干部的规范管理，着力解决过去村干部能进不能出的问题。**二是评价有专项标准。**参照事业单位人员制定年度考核"优秀、称职、基本称职、不称职"标准和比例，并制定村干部鼓励激励、容错纠错、能上能下"三项机制"，激励村干部干事创业。同时，建立区级综合考核、乡镇党委工作评价、群众满意度测评"三位一体"的村干部综合评价体系，解决过去村级发展过多依赖党组织书记、村级评价简单化等问题，推动基层组织全面进步、全面过硬。**三是晋升有专属通道。**全面构建村党组织书记、副书记"区乡共管"，其他村"两委"成员、专职工作者和"返乡兴村"新村干实行"备案管理"，建立村干部基本报酬晋级机制，稳定村干部队伍。加大从村党组织书记、其他村"两委"成员中选拔进入事业编、区属国有企业编工作力度，打破村干部上升"天花板"。**四是待遇有专门保障。**明确村干部薪酬待遇由"基本工资＋考核报酬＋专项工作报酬＋发展报酬"4部分组成，基本报酬执行"四岗20级"标准，为全体村"两委"成员缴纳"五险一金"，根据考核结果按月或按季发放考核报酬。建立正常离任"荣誉金""星级豫美村干勋章"制度，针对任职满5、10、15、20年且正常离任、未受过党政纪处分的离任干部，分别一次性发放荣誉奖和荣誉勋章，不断增强村干部荣誉感、获得感。

三、突出重点导向，以"五化"汇聚治理"强动能"

将基层党组织建设贯穿基层社会治理全过程，统筹抓好城乡基层治理和基层组织建设。**一是坚持治理片区化。**聚焦全区农村基础设施难覆盖、公共服务难配套、资产资源难利用以及农民"进城入镇"后农村空心化等问题，将72个涉农的村（社区）划分为370个网格，坚持"支部建在网格上"，深化"村（社区）—网格—片区"与"村（社区）党委—网格党支部—片区党小组—党员中心户""两网"融合，建立"大数据＋网格化＋铁脚板"工作机制，创设"平安乡村小管家"治理信息平台，推动服务关口前移、工作力量下沉，加快问题"收集—处理—反馈"闭环解决。**二是推动城乡一体化。**推进农村管理向城镇社区管理体制转变，提高村（社区）服务和管理水平。采取社区自办、外部引入物业公司两种形式，推动"红色物业进村"，明确公共管理和群众包保区域，引导群众主动参与环境管护，实现村容村貌常态整洁；在城市和农村按照每村（社区）10万～30万元标准设立党建为民服务专项资金，实行"自主＋购买"结合的形式，开展"红色公益创投"，以政府购买服务的形式充实内容，引入社会组织78家，打造创投项目64个，实现城乡一体服务专业高效、常态长效。**三是推进干部专职化。**推进社区干部专职化，先后选派12名同志到新型农村社区担任"振兴"书记、23名同志担任社区党委书记，所有村（社区）干部由兼职全部转为专职。**四是执行工作标准化。**结合村干部"两站五岗"职责分工，对社区承接的工作事项进行全面梳理和整合，确保责任落实到事、到岗、到人。区组织部、宣传部、政法委、农业农村局等各岗位牵头管理部门，分批分岗举办村（社区）干部"两站五岗"专项轮训班、村（社区）党组织书记示范培训班、"支书课堂"等，强化村干部岗位意识，提升履职能力。**五是做优服务集成化。**建立农村党务、村务、财务"三务"公开监管平台，建立"互联网＋基层全科窗口"政务服务机制，规范设置"全科窗口"，按照"减少办事环节、整合办事材料、缩短办事时限"的要求，实行"一站式"服务，科学编制企业群众、乡镇基层、工业企业生产3个领域"一件事"清单196项，其中乡镇基层"一件事"清单30项，实现"单一窗口"向"全科全能"转变，真正让村民住得舒心、服务配套、办事方便。

下相街道南苑星城社区全科窗口接待来访群众

四、压实责任强化队伍，乡村治理显成效

推行"三定四专五化"举措，进一步夯实了新型农村社区党建"一委两站五岗"模式，党建引领乡村治理现代化的动能更加强劲，成效更加凸显。**一是压实了工作责任，工作开展更加高效。**在全区所有村（社区）深化推广新型农村社区党建模式，做到人员融合到位、标识更换到位、集中办公到位、统一账户管理到位"四个到位"，"一委两站五岗"架构实现全覆盖，村

干部定岗定责到位，分岗开展工作，实现"人人有责、各尽其责"的格局，为高效开展新型农村社区工作夯实了责任基础。**二是强化了队伍管理，服务发展更有保障。**10个乡（镇、街道）均成立村干部管理服务中心，实现村（社区）干部选拔任用、设岗定责、考核评价、监督管理、薪酬待遇、鼓励激励、关心关爱等规范有序，常态长效，推动村（社区）干部扎根基层、服务基层、发展基层的理想信念更加坚定，也为乡村振兴提供强大的人才资源保障。**三是重构了治理体系，乡村治理更具成色。**将新型农村社区划分为若干治理网格和片区，在网格和片区内设置党组织，"定格、定人、定责"对村民实行全方位、全过程、全覆盖的动态服务和管理，进一步延伸服务触角，推动联系服务农民群众常态化，实现社区党委实体化运作，使越来越多的群众从"站着看"到"跟着干"再到"一起来"。

浙江省金华市武义县
深化"后陈经验" 完善"一肩挑"背景下的村级运行机制

编者按: 新一轮村级组织换届后,村党组织书记、村委会主任"一肩挑"对村干部的作风素质,以及村级组织规范运行、有效监督提出了新的更高要求。武义县积极探索完善新时代"后陈经验",强化"权力受到约束、村务全面公开、群众有效监督、自我能够纠偏"源头治理理念,努力完善"一肩挑"背景下村级组织运行监督机制。

武义县隶属于浙江省金华市,地貌特征"八山半水半分田",县域面积1 577平方公里,常住人口46.2万人。2004年6月18日,该县后陈村选举产生全国首个村务监督委员会,并建立村务管理制度、村务监督制度"两项制度",创造了"后陈经验"。面对村党组织书记、村委会主任"一肩挑"、任期"三年改五年"等新变化,武义县积极探索完善新时代"后陈经验",通过选派一批驻村包村的第一书记、构建一系列村务决策的规范流程、探索一组简洁管用的公开办法、形成一个"四位一体"的监督体系、健全一套保障落地的有效制度,有效形成了"一肩挑"背景下村级组织运行监督制度闭环。

一、选派一批驻村包村的第一书记

向全县258个行政村全覆盖选派第一书记,着力加强乡(镇)党委对村级工作的领导和指导。

坚持和深化新时代"后陈经验"研讨会在武义举行

（一）实行专职驻村

第一书记专职驻村、在村坐班，参加每周一次的村务联席会议，做好参与议题酝酿、把关政策执行、指导决策程序、审核会议记录4项监督指导，参与村级财务管理、工程项目建设等七大类重大事项决策。

（二）深化开展"四大访"

结合"大家访、大代办、大接访、大化解"活动，第一书记会同村干部一家一户听民声，及时掌握群众诉求，凝聚群众共识，收集村民对村干部履职评价，提升村务监督实效，并记录每家每户的民情档案。

（三）监督权力规范运行

强化第一书记指导监督村级工作的主要责任，约束村级关键权力。如村级工程建设中，造价预算变更超过合同价10%时，第一书记应及时提醒，并报乡镇核批；超过合同价20%时，第一书记可当即叫停村级项目建设。再如，在村级组织印章管理上，明确村级重大事项使用印章必须经第一书记审核。

二、构建一系列村务决策的规范流程

制定出台《村级事务工作流程》，做到村级事务操作标准化、村级权力监督可视化。系统梳理村级重大决策、阳光村务、村级财务管理、村集体资金和资产管理、村级建设项目管理、农村宅基地审批、村干部误工补助发放等11个方面、32项村级事务工作流程，一事一图、按图索骥，做到村级事务明明白白操作、村级权力全程留痕监督。比如针对村级集体"三资"监管薄弱问题，对村集体大额支出款项实行标准化流程管控，通过第一书记或联村干部初审、乡（镇）分管领导审查，经会议讨论后，票据扫描进入农村"三资"智慧监管平台，实行线上乡村联审联签。再如，标准化梳理农村党员发展工作流程，明确由乡（镇）党委全程指导把关5个关键步骤，村党组织审核入党申请人、确定入党积极分子、发展对象和形成吸收预备党员、党员转正决议，全程接受党员群众监督，防止"近亲繁殖"。

三、探索一组简洁管用的公开办法

明确村务全公开，做到"村级事务凡事皆可公开"，让群众随时随地充分知晓村务信息。

（一）村务全部透明

明确村级重大事务决策、"三资"情况、工程建设项目等30余项公开内容，根据"长期、月度、即时"分类公开。对财务类公开内容，逐笔逐项列出明细，不以总账代替，让村民看得懂、看得明白。对村级重大事项决策、资产资源发包、宅基地审批等重大事项，公开程序步骤，做到阳光透明操作。

（二）村务全面公开

优化"一肩挑"后社务、党务、村务公开清单，在定期墙报公示基础上，依托数字电视、掌上武义手机App等线上平台进行公开，让村里大情小事群众看得到、看得全。同时，打造"后陈经验"村级事务数字化工作平

新时代后陈经验——权力受约、村务全公开、群众好监督、自我能纠偏

台，将村务所有环节实现线上审批运行，实现权力行使过程中数据全程留痕可追溯。

（三）村务全程开放

确定每月13日为村级"晒账日"，把村务一项项摆到台面上，第一书记会同村干部面对面解答村民疑问，听取群众对重点监督事项的要求，使村干部履职由被动公开变为主动公开，进一步建强村务监督、沟通、投诉等机制。

四、形成一个"四位一体"的监督体系

（一）下沉乡镇纪检监察监督

全覆盖建立村级监察工作联络站，与村务监督委员会一体运行，把"监督人"和"监督事"相结合，进一步加强对村级组织中行使公权力人员的监察监督。

（二）强化第一书记全程监督

强化第一书记指导监督村级工作的主要责任，明确村级重大事项必须经过第一书记审核把关，约束村级关键权力，严格"村事早会"，第一书记与村干部每日一碰头，既方便群众办事，又监督村干部规范履职。

（三）强化村务监督委员会监督功能

完善村务监督"双述职"制度，每月15日（主题党日）先开展村党组织书记说事，向全体党员通报村内重点工作，再开展村监委会主任"说账"，汇报上月村级财务开支及村务监督情况，听取党员、村民代表对村务监督工作的意见建议，凝聚各方智慧。

（四）畅通群众监督渠道

做实党员干部"一管三带"联系服务群众，党员干部每月走遍包联农户，引导党员群众加强对村级事务的合理监督。持续跟进群众反映事项落实，每季度收集群众评价意见，形成"三张清单"。鼓励各村选聘离退休干部、"两代表一委员"、新乡贤、红领新青年、优秀新居民代表以及有专业特长的村民，共同参与村务监督。请法律顾问把关涉及项目工程等重点领域的事项，确保村务监督实效。

五、健全一套保障落地的有效制度

完善巡察审计制度，统筹整合县级纪检监察、组织、政法、农业农村等部门力量，常态化开展村级巡察监督，确保每个村级班子任期内至少接受1轮巡察。每年安排一批信访矛盾较多的村，由县委巡察组进行提级巡察。常态化开展"双述双评"工作，村"两委"班子定期向乡（镇、街道）党（工）委、党员大会和村民代表会议述职，重点报告规范执行村级制度情况，接受乡（镇、街道）党（工）委评议和党员群众信任度测评。

推进"四民"融合　促进治理有效

> **编者按**：农民群众是乡村治理的主体，改善民生和增进人民福祉是乡村治理的重要目的。南昌县在乡村治理中将"民心、民生、民安、民风"系统考虑、深度融合，以"三化三联"聚民心、多措并举保民安、真抓实干促民生、守正出新淳民风，促进了乡村治理战斗力、保障力、源动力和引领力不断提升，探索出具有南昌县特色的乡村治理新途径。

南昌县处江西省中部偏北、省会南昌市东南，面积1713平方公里，辖19个乡（镇），拥有1个国家级开发区（江西南昌小蓝经济开发区），264个村，人口105.83万人。近年来，南昌县深入推进"民心、民生、民安、民风"融合，形成了"党建＋三治融合"的乡村有效治理经验。

一、"三化三联"聚民心，提升乡村治理战斗力

（一）以"三化"促建设，巩固组织凝聚力

坚持以基层党建标准化、规范化、信息化建设为统领，促进制度建设、支部建设、队伍建设，全方位提高组织战斗力。**一是以"三化"促制度建设，不断提升战斗力。**制定了《南昌县村（社区）党组织书记县委组织部备案管理实施办法（试行）》，建立村"两委"成员县级联审常态化机制，对全县村党组织书记全部建立档案。**二是以"三化"促支部建设，不断提升组织力。**实施组织设置、阵地场所、领导班子、组织生活、运行机制、党建保

71

障、"六好"基层党组织创建七大专项行动，建成了一批集"党员活动、教育培训、村民议事、便民服务"于一体的多功能活动场所。**三是以"三化"促队伍建设，不断提升凝聚力。**村"两委"换届后，推动村干部队伍结构更优、素质更高、活力更强。村党组织书记中大专以上学历人数比例达67%，致富能手占比50%、平均年龄为47.6岁。

南昌县有关人员参观武阳镇前进村徐黄组"党建+颐养之家"

（二）以"三联"促服务，增强干群沟通力

一是党员联系群众。健全党员干部直接联系服务群众机制，推进"服务代办"活动深入开展，以党群服务中心为载体，搭建"党员志愿服务"队伍，基本实现农民办事不出村。

二是人大代表联系选民。人大代表工作下沉到村，定期召开选民座谈会，收集群众意见，切实增强了政府公信力。

三是网格监督员联系村民。按照"一个网格一名专职监督员"标准设置网格监督员，与村民密切联系，充分了解民情民意，提高民生表达效率。

二、多措并举保民安，增强乡村治理保障力

（一）成立县级综合治理"实战"中心

首创全省融合度最高的县级社会治理事务中心（综治中心），将网格管理中心、矛盾纠纷调处中心、12345政务热线、数字城管监督指挥中心、非公有制企业维权服务中心、公共法律服务分中心、心理服务指导中心、民声通道工作室8个机构整合成1个中心，将发现问题环节和解决问题环节联系到一起，减少多头流转、重复交办现象，实行县域民安类诉求统一分流交办、统一闭环管理、统一考核评价。2020年，全县共协调处置民安类问题9万余件，疑难问题201件，群众获得感得到大幅度提升。

（二）建立覆盖全域网格管理体系

在全省首建专职网格监督员队伍，按1 000～2 000人/个的标准划分了1 066个网格，推动县、乡、村三级干部3 000多人下沉到网格，将38家与群众诉求密切相关、有处置权限的职能部门作为报到单位，实行专人包干负责，实现了问题收集从数量到质量、办理部门从被动到主动、群众从旁观到参与的良好转变。

（三）创新矛盾纠纷调处机制

采取政府购买服务方式，公益律师、心理咨询师、老政法干部、基层调解能手等从不同维度，通过人民调解、行政调解、司法调解、诉讼服务有序衔接，实现了矛盾纠纷"一个门进出、一揽子调处、一站式服务"。近年来，年均成功调处重大矛盾纠纷300余件。

三、真抓实干促民生，稳定乡村治理源动力

（一）推进产权制度改革，提升农民归属感

深入推进农村集体产权制度改革，认定村民集体经济组织成员身份，进一步提高村民主人翁意识。**一是摸清村级集体家底**。截至2020年年底，全县264个村共有集体资产28.14亿元，集体土地总面积109.87万亩。**二是确认集**

体经济组织成员身份。确认成员数80.22万人，量化集体经营性资产近3.89亿元。**三是落实集体成员赋权。**全县完成登记赋码并发放到村，成立了264家村集体（股份）经济合作社，累计分红达1 207.07万元。

南昌县塘南镇张溪村的市重点田园综合体项目

（二）发展壮大集体经济，提升农民获得感

强力推进村集体经济发展工作，全面消除集体经济薄弱村，增强农村集体收益，提升农民群众获得感。**一是主抓"三资"管理，壮大农村集体经济。**坚持让资产"活起来"、把资本"引进来"、把资源"用起来"，推动农村集体经济发展，拓宽富民增收"主渠道"。**二是聚"六力"促"六变"，实现"空壳村"全面"脱壳"。**坚持因地制宜、因村施策，打好"组合拳"，驱动村集体经济"脱壳""蝶变"。2020年，全县264个村年经营性收入均突破10万元，合计10 378.06万元，较2019年增长30.14%。

（三）推进乡村建设行动，提升农民幸福感

积极开展乡村建设行动，推进人居环境整治，提升农民幸福感。**一是集中推进村庄规划。**集中开展村"三拆三清"村庄整治行动，实现统一规划、风格和谐、功能宜居的新村貌。**二是全力推进人居环境整治。**推进厕所革命，无害化改厕率达95.46%；全县264个村实施城乡环卫一体化服务外包，

农村生活垃圾实现了日产日清，农村生活垃圾处理率达到100%。**三是精心打造美丽乡村建设。**通过挖掘文化底蕴，保留乡村风貌，展现乡土特色，重点打造了21个小康示范村、12个精品提升点，形成黄马罗渡山下、武阳镇前进徐黄、蒋巷镇柏岗山水灌桥等一批美丽乡村示范典型。

四、守正出新淳民风，彰显乡村治理引领力

（一）"一约四会"易风俗，引领乡风文明风尚

积极推行"一约四会"管理机制，实现群众"自我管理、自我服务、自我教育、自我监督"，促进乡风文明。**村规民约强规矩。**由村"两委"干部、党员、村民代表等共同商议制订，形成全体村民认同、具有本村特色的村规民约，全县所有行政村均建立健全了村规民约。**"四会"组织育新风。**村民议事会发挥民主议事自治、道德评议会挖掘宣传好人好事、红白理事会推动移风易俗、禁毒禁赌会配合禁毒禁赌整治，"四会"结合大力推动了各村形成管理依村规、办事找"四会"的新风尚。

（二）树道德榜样人物，引领乡风崇德向善

一是持续挖掘先进典型。聚焦疫情防控和脱贫攻坚等重大任务深入挖掘各类典型，评选"昌南好人""昌南新乡贤"；举办年度"三风"榜样人物发

"好人园"开园

布会，每年评选表彰榜样人物20人。**二是发挥榜样引领作用**。疫情防控和防汛抗洪期间，道德模范和"昌南新乡贤"响应号召，积极出资出力抗击疫情，帮助群众共渡难关。**三是营造崇德向善氛围**。在"文明南昌县"微信公众号设置"昌南正能量""脱贫攻坚进行时"等专栏，集中宣传典型人物先进事迹，全县城乡张贴道德模范事迹海报。

（三）运用红黑榜积分，引领乡村善智达情

以16个乡风文明示范村为突破口，采取积分与红黑榜相结合形式解决乡村"大问题"。**一是量化评议指标**。从村民最关心、最迫切的身边事入手，量化评议指标，对村民日常行为进行评价积分，评议范围涉及道德范畴、家庭文明、环境卫生、支持村委会工作、文明行为等方面。**二是定期公布"红黑榜"**。示范村每月在村庄醒目位置设立道德"红黑榜"，每月定期公布人员名单，红榜人员一般20～30人，黑榜人数视具体情况定，实行动态管理。**三是积分兑奖励**。按每次红榜名单人员积1分，全年每分可以领取10元等额礼品，推动解决乡村"大问题"。幽兰镇东田村累计发布红榜420人次、黑榜129人次，约定全年有5次及以上"红榜"名单人员被优先推荐参加上级表彰，全年有5次及以上"黑榜"名单人员被取消一切政策外帮扶待遇，一旦上"黑榜"名单必须登上下次"红榜"才能撤销。

山东省日照市莒县

铸公心之魂　走善治之路

> **编者按：** 莒县围绕一颗"公心"做大文章，以"公心向党、公心为民、公心处事、公心律己"为主要内容，把公心文化融入到乡村治理中。探索构建了以"一心引领、两项制度、三治融合"为主要内容的乡村治理体系，推动全县形成"干部好、队伍强、民心齐"，走出了一条具有莒县特色的乡村治理之路。

莒县位于山东省东南部，辖20个乡（镇、街道）、1个省级经济开发区、18个城市社区、149个行政村、1 195个自然村，人口116.7万人，面积1 821平方公里，是全国重要的粮油、瓜菜生产基地，粮食作物播种面积常年保持在90万亩左右。近年来，莒县从解决影响农村发展稳定的根本性问题入手，倡树公心文化、弘扬公心精神，在乡村振兴进程中围绕"治理有效"这一总要求，探索构建了以"一心引领、两项制度、三治融合"为主要内容的新型乡村治理体系，推动全县形成"干部好、队伍强、民心齐"，走出了一条具有莒县特色的乡村治理之路。

一、一心引领，筑强基层党组织战斗堡垒

莒县围绕一颗"公心"做大文章，以"公心向党、公心为民、公心处事、公心律己"为主要内容，把听党话，跟党走作为最大的公心。以公心赢民心，牢记为民服务宗旨，始终秉持公心实践、公心执政，把讲公心、践行公心作为农村党员干部的行为准则和价值尺度，增强了基层党组织的凝聚

力、向心力和战斗力。

坚持选人用人公心为上。按照"好人＋能人＋公心"标准，拓宽选人用人视野，注重从致富能手、在外能人中发现、回请优秀人才，进一步优化、充实乡村党员干部队伍。通过公心教育和公心秤选人才，精准施训农村党支部书记750余名，培养农村储备干部5 176名，表彰乡村振兴"领头雁"51名，跟进培养"领头雁"114名，培养出了一大批优秀党支部书记和群众致富带头人，打造了一支素质过硬的农村干部队伍。

坚持治村治事公心为上。以"公心文化"为标杆，要求基层党组织及党员干部办事必须公平公正、公开透明，特别是在涉及群众利益的问题上不分亲疏远近，一律做到一碗水端平，做到"四不让"：不让强者得便宜，不让弱者吃亏，不让一户掉队，不让不正之风得逞。莒县城阳街道岳家村旧村改造，住宅楼建成分房时，村集体制订方案，经召开村民大会通过，没有采取统一抓阄的方式，而是先让困难户、病灾户、烈军属抓阄按顺序号选房，接着是普通群众选房，然后才轮到党员和村干部，村党支部书记最后一个上楼。党员干部肯吃亏，又能为群众办实事、解难题、谋福利，就会赢得群众的信赖和支持，密切干群关系。

二、两项制度，助推公心文化深入民心

建立公心文化推广制度。借鉴岳家村成功举办"公心节"的经验，莒县印发正式文件，确定每年的10月底至11月初，每个村都要举办"公心节"活动。要求党支部书记带头，党支部和村班子所有成员都在"公心节"大会上述职，接受与会群众的质询、评议，把村集体重大事项、村规民约的修订等提交公心大会，进行表决。同时，为丰富"公心节"内容，各村可根据实际需要，依托"公心节"组织评选表彰文明家庭、好媳妇、好婆婆、"孝诚爱仁"四德榜先进典型人物等，也可以举办文艺汇演、志愿服务活动等。"公心节"大会后，要求各村用好评议结果，对群众在"公心节"上提出的批评建议以及评议中发现的不足，建立问题台账，提出整改方案并公示，整

理保存好"公心节"的文字、图片、影像等档案资料。截至目前，全县"公心节"活动累计收到村民建议和问题反映 7 600 余条，有效采纳建议 2 300 多条，整改问题 4 500 多条，乡（镇、街道）通报批评村干部 320 余人，罢免村干部 130 余人，追责问责 54 人。

莒县岳家村十九届"公心节"大会

探索实施"公心讲坛"制度。为了进一步弘扬公心精神、公心文化，强化公心教育，2019 年以来，莒县每月举办 1 次"公心讲坛"活动，分片或交叉组织村（社区）"两委"干部，省、市、县派第一书记，乡（镇、街道）包村干部轮流登台，结合工作实际话公心、讲心得，搭建起"相互鼓劲、相互交流"的平台，让基层干部主动弘扬公心向党、公心处事、公心为民、公心律己的"公心"精神，激发基层干部干事创业的热情和动能。截至 2021 年 9 月 1 日，莒县举办"公心讲坛"活动 25 次，150 名党员干部在讲坛上发言汇报，党员干部参加活动共计 1 200 余人次。

三、三治融合，构建公心治理的长效机制

建立"三治融合"的乡村治理网格化管理机制。莒县以公心承载初心打造"全科智慧网格"，依托日照市网格化智能管理工作平台及"平安莒县"手机 App 客户端，积极探索建立以公心文化为引领的"网格化+"乡村治理

工作模式。莒县共划分网格1 500个，配备专职网格长172人和专兼职网格员1 500人，落实工资或补贴待遇，实施统一培训、统一标识、统一服装、统一考核管理。截至目前，通过网格化工作平台成功处置纠纷、投诉、公共服务等事项1.2万余件；"平安莒县"手机App下载使用

莒县网格化管理第二期培训暨优秀网格员（长）表彰大会

人数已达18万人，通过手机App发现、上报并处置各类信息1 820余条。

健全完善农村权力约束监督机制。以公心制度严管党员干部，制订《农村干部行为规范》，各乡（镇、街道）每半年组织一次村（社区）干部"公心体检"。出台《关于全面推行农村小微权力清单制度的实施意见》，制订43项小微权力清单，强化村级小微权力监督。建立并全面梳理规范《村规民约》《红白理事会制度》等，综合运用"一约两会三队四中心"乡村治理载体协同发力，发挥村规民约、党员群众议事学习会、"公心节"大会，以及新时代文明实践志愿服务队、各级乡村振兴服务队、一村（社区）一法律顾问服务队，县社会治理服务中心、网格化管理服务中心、综治中心、社会矛盾调处中心的作用，健全完善村级权力长效监督机制，推动乡村治理转型，提升乡村治理能力和水平。

四、聚焦问题，开展弘扬公心专项行动

为维护农村公平正义，聚焦解决农村历史遗留问题和群众反映强烈的突出问题，2018年6月，莒县在全县开展弘扬公心精神推动乡村振兴专项行动。重点开展宅基地专项治理、农村"三资"清理、村级矛盾纠纷排查调处、扫

"全科智慧网格"平台使用培训

黑除恶专项斗争行动。按照党员干部示范带头、村民自觉参与、道德劝说感化、司法惩戒起诉4个步骤，下足"绣花"功夫，常抓不懈，每年都由莒县县委组织部联合农业农村等相关部门开展专项行动的督导检查，督导检查结果与全县乡村振兴实绩考核挂钩。专项行动开展以来，莒县共清理多占农村宅基地、空闲地7.4万处，收取宅基地有偿使用费1 860万元；清收村集体尾欠7 270余万元，清理出无偿占用集体资产260万元、资源1.29万余亩，清收拖欠承包费1 557余万元，规范各类承包合同8 294份；化解农业农村信访案件194件；打掉黑恶势力团伙15个，抓获严惩黑恶势力成员84人，处理违法违规党员干部18人，查封、冻结、扣押涉案资产3 669万元。

通过弘扬公心专项行动，有效解决了长期存在的多占宅基地、无偿占用耕地、拖欠村集体款项等影响公平正义的突出问题，倡树了清风正气，维护了公平正义，改变了过去强势者得利、老实人吃亏的局面，农村长期积压的一些"疑难杂症"得到了有效解决，群众纷纷点赞喝彩，干部的威信树起来了，村党组织的凝聚力、公信力、战斗力显著提升。同时，壮大了村集体经济，全县1 195个村村均增收8万元以上，实现了村级集体经济收入"清零""倍增"，为乡村振兴打下了坚实基础。

山东省济宁市曲阜市
实施"党建+"引航工程
构建"六位一体"治理格局

编者按：曲阜市充分发挥文化强市优势，强化党建引领作用，打造"党建+合作社联盟""党建+和为贵调解室""党建+新时代文明实践中心""党建+说事必回""党建+小微权力清单""党建+党员划片"六大品牌工程，破解乡村治理难点问题，构建"六位一体"乡村治理新格局。

曲阜市位于山东省西南部，辖12个镇（街道）、318个行政村（居、社区），总面积896平方公里，总人口62.2万人，全市农村人口49万人。近年来，曲阜市大力打造"党建+合作社联盟""党建+和为贵调解室""党建+新时代文明实践中心""党建+说事必回""党建+小微权力清单""党建+党员划片"六大品牌工程，构建党建引领"六位一体"乡村治理新格局，破解村集体经济收入薄弱、乡村治理最末端服务难打通、基层社会矛盾难化解、小微权力难监督等问题。

一、实施"党建+合作社联盟"品牌工程，解决乡村治理产业基础与经济协调发展问题

以"党建+合作社联盟"发展集体经济为主路径，全市设合作社总联盟，下设农民合作社分联盟12个和特色联盟16个，分片区、分产业建立联

盟基地9个。成立160个支部领办合作社。2020年年底，全面消除了村集体经济收入薄弱村。联盟搭建模式创新平台、政策资金平台、人才培训平台、金融服务平台、风险保障平台、品牌提升平台"六大平台"，吸收电商平台、乡村振兴服务队、第一书记等力量，联合农业、财政、金融等13个部门，统筹政策、资金、人才优势，推动支部领办合作社向规范运作、"抱团发展"转变，实现村党支部政治功能与服务功能"双提升"，集体和农民"双增收"。

二、实施"党建＋和为贵调解室"品牌工程，解决乡村治理理念与设计问题

通过完善村规民约，建立道德激励约束机制，深入各级宣传道德模范、身边好人好事典型事迹，弘扬真善美，传递正能量。针对当前基层矛盾纠纷多元、多样、多发的现实，大力弘扬优秀传统文化中的"以民为本""礼之用、和为贵""德不孤，必有邻"等思想精髓，在全市318个行政村建立了"和为贵"调解室。制定了调解室星级评定工作机制，推行"民情夜会"制

曲阜市"和为贵"社会治理品牌化建设现场推进会议

度，动员引导社会力量参与基层社会治理，探索通过非诉讼渠道化解社会矛盾纠纷的工作机制。干群之间、群众之间的矛盾绝大多数都在"和为贵"调解室化解，做到小事不出村、大事不出镇，形成全民参与乡村治理的共建、共治、共享格局，推动乡村治理创新，实现群众矛盾纠纷调处化解"最多跑一地、最多跑一次"。

三、实施"党建＋新时代文明实践中心"品牌工程，解决乡村治理微服务"最后一公里"问题

按照有场地、有机构、有队伍、有制度、有标识、有菜单的"六有"标准，利用现有文化活动场所和各级党组织活动场所，建立"党建＋新时代文明实践中心"。开展村规民约集中清理、制订或修订工作，实现全市行政村村规民约全覆盖。支持和保障村规民约在传承优良传统、倡导文明新风、淳化乡风民俗中的作用。建立"积分制"，将村民最关心、最迫切的身边事、重要事务纳入积分管理，让群众参与、让群众评判，激发群众主动参与感，真正实现村民参与乡村治理。积极推进乡村治理数字化建设进程，组建乡村治理大数据中心，搭建内部管理平台，搭建起市、镇、村三级数字乡村治理平台，打造了数字区县新治理、智慧村镇新管理、在线政企新服务、乡村振兴新举措等特色功能板块，得到了干部群众的广泛认可。依托470个新时代文明实践站，积极搭建"一堂一台"，每村建设1所孔子学堂、1个儒韵乡村大舞台，2018年以来，孔子学堂共举办各类讲座1 300多场次，受益群众3万多人次，提升了群众的精神文化涵养，树立了社会主义核心价值观。

四、实施"党建＋说事必回"品牌工程，解决乡村治理民主协商议事问题

"说事必回"通过"说、议、办、回、评"5个步骤，创新民意收集、科学决策、合力干事和效果评估为一体的乡村治理体系。"说"就是依

托"说事墙""说事箱""说事室"等方式把问题亮出来。"议"就是通过村级"小微权力（公共服务）"清单，集思广益，把解决问题的方式方法找出来。"办"，就是坚持"群众事干部办、集体的事班子干"，对涉及政务、生活、法律、党员等事务，依托"十个理事会"办理或通过手机App办理便民生活服务项目，把需要实际办理的事务分门别类，需要通过小微权力解决的，严格按照小微权力的流程进行办理。"回"就是通过上门回、定期回、网络回和"回音壁"展示，及时回复解决情况，接受群众的监督评判。"评"就是通过市组织力测评和镇村"双述双评"，把"说事必回"作为村党支部书记党建述职的一项重要内容，把工作实绩定出来，同时将"说事必回"纳入年底的考核中，作为党组织评星定级和村干部绩效考核的重要依据。

　　通过"说事必回"制度解决急事难事，已逐渐成为群众的共识，通过"说事室"里说、"说事墙"上写、"说事箱"里投、"党员划片定岗联户"上门说等多种途径广泛征集村情民意，拉出责任清单，建立问题台账，及时解

石门山镇幸福食堂

决并有效反馈村民的合理诉求。2020年，全市共收集群众意见建议8 000多条，解决问题诉求6 500多项，化解农村矛盾隐患23起，其中根据民意诉求，创新推广"幸福食堂"建设，39个村（居、社区）"幸福食堂"已建成投用，800余名老人直接受益。

五、实施"党建+小微权力清单"品牌工程，解决乡村治理村级权力监管机制问题

实施支部领导、民主自治、权责明确、相互制衡、公开透明、操作规范、简便高效、监督有力的村级"党建+小微权力清单"工程。村级事项按照"四议两公开一监督"工作法，重大事项按照"全民公决"推进落实，村级组织和村干部权力事项更加明晰，村级权力运行机制更加完善，村党组织凝聚力、战斗力显著提高，村干部法纪意识、综合素质明显提升，农民群众的知情权、参与权、决策权和监督权进一步落实，群众受理事项代办率100%，重大事项参与率100%。

陵城镇北驻村通过"小微权力"清单决议事项

六、实施"党建+党员划片定岗联户"工程，解决党员群众间互动问题

针对农村无职党员推行实施"支部领导党小组、党小组管理党员、党员联系服务群众"的"党员划片定岗联户"制度，实现了党员职责、党员面貌、党员管理、党群关系"四个转变"。通过党员划片定岗联户，实现了党员对群众的贴心"微服务"。党员为群众办实事、办好事，对群众真关心、真上心，村民对党员、对村委认可度高了，党群干群关系明显好转。2017年，全市10个省定扶贫工作重点村全部摘帽，建档立卡贫困户6 708户、13 835人全部实现稳定脱贫，防山镇为两个贫困户牵线搭桥，实现了既脱贫又脱单。

巡察村居　治乱建制　破解乡村治理难题

编者按：周口市淮阳区遵循乡村社会发展规律，将"抓坏人、办好事、强组织、建机制"贯穿乡村治理始终，以巡促治，逐步探索出了一条"巡察村居先行，案件查办紧跟，综合治理兜底，三不一体推进"的基层治理新路子，不断推动乡村治理体系和治理能力向现代化迈进，为推进乡村振兴奠定良好基础。

河南省周口市淮阳区辖20个乡（镇、场）、1个产业集聚区、467个行政村，区域面积1 320平方公里，耕地140.9万亩，常住人口133万人。近年来，淮阳区创新开展巡察村居暨综合治理工作，坚持以巡促治，将"抓坏人、办好事、强组织、建机制"贯穿乡村治理始终，逐步探索出了一条"巡察村居先行，案件查办紧跟，综合治理兜底，三不一体推进"的基层治理新路子，实现从"一时之变"到"长久之治"的跨越。

一、巡察村居先行，案件查办紧跟

2017年，淮阳区委在脱贫攻坚过程中发现，基层普遍存在群众满意度没有明显上升、信访量没有明显下降的问题。主要原因在于，一些村存在贪腐势力和黑恶势力把持基层政权、横行村里的情况，群众缺少足够的公平感和安全感。针对这些问题，淮阳区决定开展巡察村居暨综合治理工作。该工作由区委主导，区纪委监委牵头，公、检、法、司、组织、民政、信访、扶贫等部门参与，成立工作组，深入一线，吃住在村，坚持问题导向，以扶贫领域腐败和作风问题专项治理为切入点，结合扫黑除恶、村级组织建设、化解信访矛盾、解决民生诉求等工作，深化巡察结果运用。

一是巡察村居找问题。 突出巡察"全面体检"作用，结合区信访局掌握的信访问题高发村、纪检监察掌握的信访举报集中村、基层组织部门掌握的软弱瘫痪村、扶贫办掌握的扶贫落后村、公安局掌握的治安刑事案件多发村、乡（镇）掌握的工作推进不力村等渠道，按照"先难后易、突出重点、分批进行、全面覆盖"的原则开展巡察。对巡察中发现的苗头性、倾向性问题，立行立改；对发现的一般性问题，督促整改；对发现的违纪违法问题，分类移交查办；对问题特别严重的行政村，建议区委开展综合治理。截至2020年12月，淮阳区完成了对全区474个村（社区）的直接巡察全覆盖，发现各类问题5 680个，移交问题线索524条。

二是案件查办紧跟进。 巡察村居过程中，对指向具体明确的违纪违法问题线索，报领导小组主要负责人签批后，线索移交不过夜，按职责权限分别移交纪委监委或公安机关，由巡察组中配合巡察的纪检监察干部或公安干警就地接收线索，立即开展查处，纪委监委和公安机关另行派人配合巡察村居工作。2018年10月，巡察新站镇王楼村期间，发现村干部每人侵吞4 000元郑合高铁占地补偿款的问题。问题线索移交纪委监委后，区纪委监委立即安排配合巡察的纪检监察干部就地转换身份，进行案件查处。最终王楼村6名村干部退还侵占款项，并分别给予纪律处分。截至目前，全区开展治理的行政村68个，完成治理66个，共接待来访群众9 200余人次，排查问题线索3 421条，查处违纪违法案件807件，刑事拘留265人，行政处罚115人，处分157人，收缴违纪资金761.16万元，收回村集体资产561.63万元。

二、扫黑治贪"零容忍"办好民生热点事

群众意见比较大的主要有3种人，贪腐的干部、横行乡里的恶人、缠访闹访扰乱社会的人员。工作组通过开门接访、入户求访等，对基层问题矛盾大排查，澄清底子，让贪腐干部得到处理，让村霸恶人得到打击，让无理闹

访者得到惩处。**惩治贪腐**。工作组"零容忍"对待侵害群众利益的腐败和作风问题，发现一起查处一起，坚决深挖彻查。大连乡邢吉屯村原负责人，被群众举报办理低保时有收取村民烟酒的行为，工作组通过对该问题线索深挖细查，又发现其虚报冒领干部工资4.2万元，被移送司法机关追究刑事责任。**扫黑除恶**。将扫黑除恶专项斗争及"打伞"工作作为综合治理一项重要内容，着力净化社会生态，优化发展环境，增强群众的安全感。如，2019年淮阳区委在治理新站镇新站村期间，一举打掉了长期以殡葬改革为名实施敲诈勒索的5人涉恶团伙。**依法治访**。按照对诉求合理的解决问题到位、对诉求无理的思想教育到位、对生活困难的帮扶救助到位、对借表达诉求之名行违法犯罪之实的坚决依法处理的"三到位一处理"原则，依法依规处理群众信访问题。2020年淮阳区信访总量比2019年下降41.3%，区纪检监察信访总量同比下降17%。

以群众关心的民生热点问题为突破，逐个立项整改，开展系列务实惠民活动。**对民生问题大起底**。工作组坚持对所有群众反映的民生问题建立台账，大到路、桥、井等项目需求，小到邻里纠纷，逐一排查登记、列出清单、限期销号解决。大连乡苑楼村村民苑吉成，房屋建成了20多年，邻居依仗家族势力不让其垒院墙，村里、乡里多次调解不成。工作组经过多方调查了解后，对其无理取闹的邻居进行训诫，使其主动承认自己的过错。院墙建好的那天，70多岁的苑吉成拉着工作组人员的手说："没有工作组的到来，恐怕我这一辈子都打不成院墙！"**开展系列惠民活动**。开展送戏下乡、送医下乡、送技术下乡及孝老爱亲等活动，推进农村移风易俗，强化乡风文明建设。综合治理开展以来，区委四支工作组共组织158支医疗队开展送医下乡，免费发放药品价值133万元，惠及群众5.79万余人；开展送戏下乡47场次；评选"好媳妇""好婆婆""五好家庭""致富能手"等815人。**巩固脱贫成果**。为保障贫困户长期稳定脱贫，工作组积极为贫困村引进产业增收项目。如，在新站镇王楼村引进蜜薯种植、黑蘑菇种植项目，在大连乡赵寨村引进黑驴、麻鸭养殖。

帮助新站镇王楼村引进蘑菇种植增收项目

三、多方选人强组织"微权四化"建机制

在治理过程中，坚持破与立相统一，坚决撤换软、散、瘫、恶、乱的村级班子，坚决杜绝恶人治村和贪腐势力、宗族势力把持基层政权的现象，着力建立健全村级组织。村领导班子成员在返乡创业的大学生、返乡创业的务工者、复员军人、致富能手中选拔，通过逐户走访，动员群众推荐人选，并对其进行锻炼，考察他们的执政能力，最后再正式履行选举程序。同时由区委牵头开展培训，前往先进地区实地学习，使新组建的村级班子政治强、作风正、人品端，清白干净、群众认可。

针对治理工作中发现的问题，完善村级事务管理制度，推行"微权四化"廉政体系，做到权力清单化、履职程序化、监督科技化、问责常态化，让村级班子在制度的框架下履职用权，用制度规范办事流程，用制度管控权力行使，用制度防控工作风险。推行"逢六"村务日制度，即每月农历初

六、十六、二十六为全区"村务日"，坚持有事谈事、民主议事、集中办事，解决群众办事难的问题。同时，通过帮助治理村制定"一约四会""网格化管理"制度等，发挥群众群防群治力量在公共事务和公益事业办理、民间纠纷调解、治安维护协助、社情民意通达等方面的作用。

湖南省长沙市浏阳市
"五微联治"打通"最后一步路"

编者按：湖南省浏阳市以党建为引领，全面推行"党建＋微网格"工作，通过党员联户，形成相对独立的微网格，打破传统的以片组为单元的行政网格治理模式，将乡村治理"千条线"纳入"一张网"，实现服务群众和群防群治的"无微不治"，微网格撬动了大治理。

浏阳市位于湖南省长沙市东部，总面积5 007平方公里，人口149万人，辖32个乡（镇、街道）、325个村（社区），是湖南省人口第一、面积第二的县级市，现有党员67 817人，基层党组织2 994个。近年来，浏阳市着力解

航拍浏阳市美丽宜居村庄

决基层社会治理精细程度不够高、作用发挥不够好、力量凝聚不够强等问题，进一步发挥基层党组织和广大党员在乡村治理中的"主心骨""顶梁柱"作用。该市打破传统的以片组为单元的行政网格治理模式，通过党员联户，形成相对独立的微网格，创新实施"五微联治"，实现服务群众和群防群治的"无微不治"。

一、全面建立微网格，实现党员联户全覆盖

坚持党建引领，合理划分微网格。根据地缘关系和人缘关系，按照"就近、就熟"原则，综合所辖范围、人口数量、居住集散程度、党组织设置和分布等情况，由党员联户形成微网格。除行动不便和长期在外务工的党员外，动员党员全部参加，号召入党积极分子、非党员的村民小组长、志愿者等加入，并广泛发动社会力量参与。目前，全市共划分微网格3.2万个，共有3.5万名党员、3 725名入党积极分子、950名非党员的乡村能人和1.8万余名志愿者参与"党建+微网格"工作。每名党员一般联系10～15户，最多不超过30户，由党支部对微网格进行编号管理，并在村（社区）党务公开栏或其他显要位置予以公示。通过党员联户全覆盖，打造"一核引领、一网覆盖、一体多元"的"三个一"治理框架。

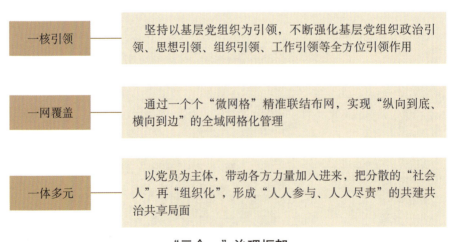

一核引领	坚持以基层党组织为引领，不断强化基层党组织政治引领、思想引领、组织引领、工作引领等全方位引领作用
一网覆盖	通过一个个"微网格"精准联结布网，实现"纵向到底、横向到边"的全域网格化管理
一体多元	以党员为主体，带动各方力量加入进来，把分散的"社会人"再"组织化"，形成"人人参与、人人尽责"的共建共治共享局面

"三个一"治理框架

二、打造线上微平台，构建信息联通云生态

结合"智慧党建"项目建设，依托信息技术，打造全市统一的"党建智慧微网"平台。将该平台作为开展微网格工作的"中枢大脑"，集学习教育、线上交流、信息反馈、问题领办、跟踪评价等功能于一体。同时，按照"应建尽建"要求，依托微信、QQ同步建立乡（镇、街道）联络群、村（社区）骨干群、党支部（党小组）联片群、微网格（党员联户）群，构建"乡（镇、街道）党（工）委—村（社区）党组织—党支部（党小组）—微网格（党员）"的四级联动体系，实现乡、村、支、户的及时响应。目前，已建立微信群3.7万个，做到网格内动态快发现、快掌握、快反应、快处置。

三、实时掌握微诉求，筑牢党群联结民心桥

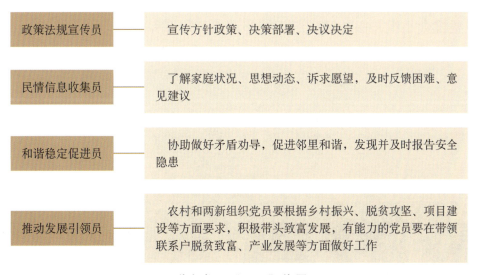

政策法规宣传员	宣传方针政策、决策部署、决议决定
民情信息收集员	了解家庭状况、思想动态、诉求愿望，及时反馈困难、意见建议
和谐稳定促进员	协助做好矛盾劝导，促进邻里和谐，发现并及时报告安全隐患
推动发展引领员	农村和两新组织党员要根据乡村振兴、脱贫攻坚、项目建设等方面要求，积极带头致富发展，有能力的党员要在带领联系户脱贫致富、产业发展等方面做好工作

联户党员"四员"作用

联户党员充分发挥"政策法规宣传员、民情信息收集员、和谐稳定促进员、推动发展引领员"作用，通过入户走访、电话、微信等方式，详细记录联系户成员情况、家庭状况，根据各户特点，将其划分为党员户、流动户、困难户、老龄户等，形成"一户一档、一人一表"的微网格工作台账。结合"主题党日"和"把话筒交给群众"活动开展线上或线下交流，入户走访每

季度不少于1次，线上沟通交流每周不少于1次，确保各项方针政策、决策部署切实宣传到位，群众意见建议、实际困难及时收集到位，党员的先锋模范、发展引领作用有力发挥到位。特别是重点关注孤寡老人、困难儿童、重病重残人员等群体，协助做好矛盾劝导，对存在的问题，按照"能帮即帮、可劝即劝、需报即报"原则予以解决。"党建+微网格"工作开展以来，共收集群众意见建议11 768条，化解矛盾纠纷6 191个，累计解决群众身边的实际问题33 475个，其中微网格长自行解决的问题达17 672个。

四、完善治理微架构，共绘力量联合同心圆

成立专门班子、建立专项制度。在组织部设立市微网格管理办公室，并在各乡（镇、街道）设立微网格管理中心，各村（社区）明确专人专管，做到全市"一盘棋"统筹推进。在城区，将辖区在职党员编入就近的小区党支部或楼栋党小组，由社区党组织统筹调派开展联系工作，共有3 800余名在

东门村支部共建帮扶活动

职党员协助社区直接参与联户工作。在农村，探索老党员和外出党员带领志愿者共同联系群众工作，并在流动党员聚集区探索联户新路径，共有35名流动党员依托商会、行业协会，联系856名外地务工浏阳籍居民。积极探索以村（社区）或党支部为基本单元，根据党员专长，组建志愿服务队伍，为群众提供优质精细化服务。各村（社区）已成立政策宣讲小分队435个、矛盾调解帮帮团325个、暖心帮扶行动组216个。

五、科学开展微服务，健全上下联动新机制

健全服务群众运行机制。发挥微网格在听取群众意见、搜集群众诉求、了解群众困难等方面的"探头"作用，通过"微服务""微实事"解决人民群众的"微心愿""微诉求"。

建立问题化解闭环机制。党员能及时解决的，依托"党员微服务、群众大满意"工作平台，赋予每名党员不少于200元的微服务资金使用权，以单独申报或联合申报的形式，推动"身边人解决身边事"。党支部能解决的及时解决，不能解决的报村（社区）党组织研究解决。对重点问题，乡（镇、街道）党（工）委及时收集并专题研究解决。对普遍性反映的问题，市微网格管理办公室通过交办职能部门或召开多部门联席会议研讨解决，确保"事事有人管、件件有落实"。

"党建+微网格"工作推行以来，累计解决群众反映的实际问题3 520个。开展联户工作以来，发现并及时报告安全隐患167条。特别是新冠肺炎疫情发生后，全市联户党员积极开展人员摸排、健康监测、宣传劝导工作，累计上门开展疫情防控宣传走访12.5万次，取得了无二代感染病例、无聚集性疫情的战"疫"成果。

浏阳市以"党建+微网格"为抓手，实现了基层党建与社会治理同频共振。**一是进一步织密了治理网络**。通过建立3.2万个微网格，实现了"不漏一户、不少一人"的精细化管理，构建了"纵向到底、横向到边"的全域网格管理格局，治理的灵活性、针对性和实效性显著增强。**二是进一步发挥了**

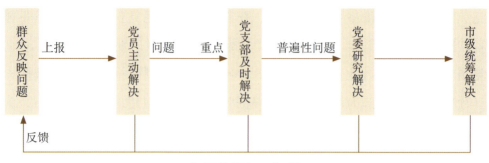

问题化解闭环机制

党员作用。通过党员联户，把任务分派与志愿服务相结合，强化派单理念和适度理念，让每名党员在力所能及的范围内发挥作用，党员的身份意识更强、模范作用更突出。**三是进一步密切了党群关系**。广大党员走进小区、商圈、屋场，打通了服务群众"最后一步路"，邻里关系更和睦、鱼水之情更融洽，实现了"人在网中行、力在网中聚、难在网中解、情在网中结"。**四是进一步凝聚了发展合力**。将微网格作为平台载体，结合乡村振兴、脱贫攻坚、项目建设等中心工作，广泛凝聚社会力量，更好地服务经济发展和社会民生，为推进高质量发展提供了坚强的组织保障。

湖南省常德市石门县

"两联两包"开启村级治理新格局

编者按： 近年来，湖南省石门县坚持"党建引领、网格治理"的思路，因地制宜，探索村以下微治理路径，形成了以屋场为微治理单元的"两联两包"村级治理模式，即在党组织的统一领导下，党组织、自治组织联动包片区，党员、屋场员联户包屋场，提升了乡村治理能力的现代化水平。

石门县位于湖南省西北部，面积3 970平方公里，总人口67万人，辖331个村（社区），70%以上为山区，是一个典型的山区县。近年来，石门县坚持问题导向，立足新时代新形势下乡村治理的新要求，坚持"党建引领、网格治理"的思路，探索村以下微治理路径，形成了以屋场为微治理单元的"两联两包"村级治理模式，即在党组织的统一领导下，党组织、自治组织联动包片区，党员、屋场员联户包屋场，通过坚持"五个融合"、建立"六项制度"、促进"七个任务"落实，大幅提升了现代化治理能力和水平，治理更加有效、高效。

一、下沉治理触角，小屋场编织大网络

坚持以小治求大治，将治理的触角下沉延伸到屋场，通过强化屋场微治理，汇点成面，形成全域覆盖的治理大网络，乡村治理更加精细化、精准化。

一是科学划分治理单元。 打破原自然村、组的区划旧格局，按照"地域相邻、产业趋同、风俗相近、规模适度、群众认同"原则，实行区划重整、

组织重构。每个行政村划分一定数量的片区，片区内划分若干个屋场，形成以屋场为单位的微治理单元。全县27个乡（镇、区、街道）、农林场的316个村（社区）（除城市社区外）共划分了1 058个片区、3 627个屋场。

二是有效整合治理组织。调整原村（社区）党支部划分，结合片区、屋场划分，在片区上建党支部，屋场上建党小组。片区设片长，屋场设一名屋场长、若干名屋场员。在村统一成立自治联合会，由村委会负责管理，下设村民议事会、红白理事会、环境卫生协会、矛盾纠纷调解协会、道德评议团、法律服务团等协会组织。自治联合会在村"两委"的领导下，指导和配合片区、屋场开展好屋场治理，与片区、屋场整体联动，形成工作合力。

三是广泛汇聚治理力量。实施"头雁工程"，大力招引高学历、高素质人才回乡担任村（社区）干部。广泛选贤任能，注重从无职党员、入党积极分子、"两代表一委员"、贤达能人等人群中民主推荐优秀人才担任片长、屋场长、屋场员和自治联合会、协会成员，配齐、配强村（社区）治理队伍力量。目前，全县村（社区）干部平均年龄40岁，大专以上学历占比42.6%，党组织书记平均年龄44岁；全县共推选出1 058个片长、3 627个屋场长、6 334个屋场员，同时聘请了101名社会知名人士担任名誉村主任，配合村

屋场上公开屋场员、党员联户责任

（社区）党组织参与村级治理事务。

二、健全屋场制度，小制度发挥大作用

为充分尊重民意、汇集民智、凝聚民力，发挥群众主体作用，石门县立足屋场微单元，建立健全了屋场微治理制度体系，极大调动了群众参与自治的积极性，增强了共建、共治、共享的行动自觉。

一是开好"屋场会"，群众唱主角，事在屋场办。每月由屋场长主持召开"屋场会"，根据会议内容邀请村（社区）干部、协会成员、联村乡镇干部等参加。"屋场会"上主要开展"四讲三协商"，讲政策法规、讲发展思路、讲意见建议、讲先进典型，并就产业发展、基础设施建设、公共事务等开展治理协商。需要协商办理的具体事项、邻里之间的矛盾纠纷等，按照"说、议、办、评"4个步骤，屋场群众围坐在一起，自己就能商量着解决，"屋场会"上解决不了的事情，再提级到片区和村（社区）办理。2021年春耕以来，全县召开了1万多场"屋场会"，下发各类生产技术指导资料10万余份，收集各类意见建议7 994条，化解各类矛盾纠纷3 462起。

屋场长和党员在屋场内化解邻里矛盾

二是实施"互帮互联"，建立共同体，实现同发展。充分发挥党员、屋场员先进带动作用，每个屋场员和有能力的党员分别包联一定数量的普通农户，形成利益共同体、发展共同体，落实"五联十上门"的帮联任务，做到联发展、联稳定、联民生、联环境、联民风，坚持政策法规上门宣讲、产业

发展上门指导、大小困难上门帮助、身心健康上门看望、突发事件上门应对、意见建议上门收集、不便事宜上门帮办、矛盾纠纷上门劝解、环境卫生上门督促、美德新风上门倡导，带领和帮助普通农户共同发展进步。目前，全县开展帮联的党员、屋场员共计16 229人，帮联农户16万余户，实现了帮联不漏户、服务全覆盖。

三是开展"屋场创建"，小投入撬动大改善，共建美丽家园。在全县范围内开展"幸福屋场""美丽庭院""卫生农家"等创建活动，建立长效考评机制，县、乡两级每年拿出一定资金项目，通过以奖代投的形式，鼓励村、片区、屋场开展创建活动，创建工作越积极、创建成果越明显，来年资金项目倾斜力度越大。村一级实行大评小奖，正面引导农户争当"卫生农家"。全县共创建"幸福屋场"500个，"美丽庭院"10 000个，成功创建省级美丽乡村6个，市级美丽乡村15个，县级美丽乡村32个。

县委书记"屋场会"上与屋场群众拉家常

四是推行"文明档案"，家风带民风，倡树文明新风尚。以户为单位，为每个家庭建立"文明档案"。按照"报、记、评、督、用"工作流程，对农户实行精细管理，无论好事坏事群众都可以上报线索，村民代表大会、道德评议团负责对线索一季一评议、年终一总评。评议结果实行积分管理，通过"文明积分榜""红黄黑榜"的形式在屋场上公示公开，同时记入家庭文明档案，作为今后对家庭成员各类评价、审查的参考依据。2019年以来，石门县涌现出"全国文明家庭"1个，"湖南好人"7名，常德市道德模范3人，常德市最美新乡贤2人，常德"自立自强示范户"12户等系列先进典型，全县文明村居创建覆盖率在55%以上，有国家级文明村镇4个、省级文明村镇7个、市级文明村镇43个、县级文明村居141个。

三、强化科技赋能，小平台带动大服务

提升现代化治理能力，必须以科技为支撑。石门县将定制开发的"屋场钉"数字治理平台与智慧党建系统平台、一门式公共服务平台、综治信息平台有机衔接、融合运用，为乡村治理插上了科技翅膀，促使乡村治理和服务更加便捷高效。

一是信息"一钉"互通。借助"屋场钉"信息平台，村、片区、屋场管理员与屋场群众实现信息共享和精准互通直达，政务、商务、服务等信息可以"钉"到每一个老百姓，确保了政策、信息传达不漏一户、不掉一人，群众有什么困难、意见建议，可以通过"屋场钉"与工作人员进行一对一交流。在外流动人员可以通过"屋场钉直播"的方式直接参与"屋场会"讨论、参与家乡建设民主决策，解决了农村找人难，信息传递难、传递不及时等难题，不仅大大为乡村干部减了负，还让干群联系更加紧密。

二是事项"一网"办理。无论是生活缴费还是证照办理，还是法律服务、健康咨询，凡是与群众密切相关的各类事项办理，老百姓足不出户就可以通过四个平台轻松完成。比如，老百姓生活中遇到什么困难，发现什么问题线索，只要通过"屋场钉"钉一下工作人员，就能第一时间得到办理和反馈，办理结果在"屋场群"内都能看得到、监督得到。一门式公共服务平台整合下沉民生办理事项57项，群众日常所需都均能实现一站办结，2021年

县委书记通过"屋场钉"商务专栏等网络平台直播带货

1—6月，网上直接受理办结各类事项53 600多件，让数据多跑路、老百姓少跑路甚至不跑路。

三是产品"一柜"销售。平台上设立商务服务专栏，线上线下设农产品销售专柜，在农户、商户和消费者之间搭建数字便捷通道，农户农产品可以直接进入销售专柜，通过系统平台宣传、"屋场钉直播"带货等方式广泛销售，也可以在平台上寻找商家，建立长期合作关系，农产品由商家负责保底收购，帮助农户的"土货"走出大山。据统计，2020年以来，通过平台"专柜"销售农产品5 500多万元。

打好乡村治理"组合拳"
汇聚乡村振兴新动能

编者按: 近年来,银川市积极探索乡村治理创新模式,聚焦乡村治理重点、难点、痛点,切实加强党建引领,健全领导组织体系,引导多元主体参与,汇聚各方力量,推动治理重心和配套资源向乡村下沉,整合服务资源、健全激励机制,有效提升治理效能,加快推进乡村治理体系和治理能力现代化,跑出了乡村治理"加速度"。

银川市是宁夏回族自治区首府,是整个自治区政治、经济、科技、文化、教育中心,是全国历史文化名城、西北地区重要中心城市。银川市总面积9 025.4平方公里,耕地面积213.5万亩。辖3区2县1市,26个乡镇,共有286个行政村,城镇化率为79.1%,常住人口285.9万人,其中农村常住人口56.54万人,约占总人口比重的19.78%。近年来,银川市切实加强党建引领,引导多元主体参与,积极探索乡村治理模式,不断壮大治理力量,有效提升治理效能,加快推进乡村治理体系和治理能力现代化,跑出了乡村治理"加速度"。

一、切实加强党建引领,把牢乡村治理"方向盘"

银川市健全乡村治理工作体系,汇聚各方力量,做到"一盘棋"下到底。**一是健全领导组织体系。**制定并印发全市《关于完善乡村治理体系提高治理能力的实施方案》,成立市、县乡村治理组,市委农办、组织、编办、财政、民政等部门牵头建立了乡村治理工作协调机制，为健全乡村治理体系提供了坚强的组织保证。**二是健全目标责任体系。**建立乡村治理任务清单，将工作细化分解成7个方面的50项具体任务，明确责任单位和完成时限，倒排工期、挂图作战，全力抓好任务落实。**三是健全督导考评体系。**将乡村治理纳入全市绩效考核，建立每月一梳理一报告、每季一调度一通报、每年一总结一考评的"六个一"督导机制，定期开展乡村治理专项督查，做到全程跟踪督办、全域问责问效。

二、夯实基层基础工作，厚植高效治理"综合体"

聚焦乡村治理的重点、难点、痛点，推动治理重心和配套资源向乡村下沉，激活治理"末梢神经"，实现乡村治理力量配强、保障到位、机制搞活。**一是深化体制改革，"一盘棋布局"。**针对当前"牌子响、权力小、责任重、压力大"等乡（镇）普遍存在的实际问题，梳理编制《乡镇（街道）权力清单》《乡镇（街道）赋权目录清单》和《县乡"属地管理"事项主体责任和配合责任清单》这"三项清单"，逐一明确县级部门和乡（镇、街道）职责边界，为乡镇赋权增能提供法律依据。**二是整合服务资源，"一体化运行"。**加快推动"最多跑一次"改革向基层延伸，整合基层行政审批和公共服务职责，编制《乡镇（街道）政务服务事项清单》和《乡镇（街道）行政执法事项清单》，统筹调剂市、县编制资源向乡镇下沉，将教育、城建、卫生、农业、土地、环保等领域的执法权赋予乡镇，123项便民服务事项可在乡（镇、街道）民生服务中

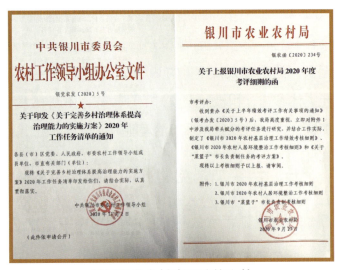

制订印发乡村治理政策文件

心办理，提升农民群众"就近办"的体验感。支持基层创新，多彩纷呈探索基层治理新路径，打造"新样板"。建立"三级跑长制"和"党建引领，五微力量同行"，以及"五委共治"等服务管理模式，正向引领乡村治理风向。

三是健全激励机制，"一心一意干事"。强化财政事权保障，对教育、医疗卫生、社会保障等领域中8大类18项基本公共服务事项，明确市与辖区的财政事权和支出责任，财力向基层倾斜，调动基层发展的积极性。畅通乡村干部提升转岗空间，明确对优秀的乡（镇、街道）党政正职可直接提拔担任县（市）区委常委、党委副书记或重要市直部门副职。2019年以来，银川市先后提拔16名乡镇主要负责人担任县级领导班子成员或市直部门副职，10名乡镇主要负责人晋升四级调研员。全面落实乡镇干部工资待遇高于县直机关同职级干部20%的要求，银川市为符合连续任职9年、累计任职12年、15年条件的优秀基层党组织书记发放任职补贴90余万元，人均增加1 000元左右，加快构建待遇有保障、发展有空间、激励有机制的乡村干部薪酬保障体系。

三、整合全员参与力量，打造善于治理"先锋队"

推行"三优三提"，抓实选、育、管、用工作，教育引领村党组织书记当好"领头雁"，发动广大党员争当"排头兵"，带领村民投身乡村治理，着力打造人人有责、人人尽责、人人享有的乡村治理共同体。**一是优化组织体系，提升基层组织力。**持续整顿提升软弱涣散村党组织，严格落实村（社区）"两委"成员县级联审办法和村（社区）党组织书记县级党委备案管理制度，银川市累计整顿提升软弱涣散和后进村党组织223个。从严落实"四个一"整顿包抓机制，第一书记选派实现100%全覆盖。建立发展村级集体经济联席会议制度，制定《关于扶持发展壮大村集体经济的若干措施（试行）》，采取"党支部+'一带三变'+农户"发展模式，激活村集体经济发展内生活力，银川市99%村集体经济收入过10万元，141个村收入超过百万元。**二是优化人员素质，提升队伍带动力。**深化"三大三强"行动和"两个带头人"工程，以村"两委"换届为契机，选优配强村干部队伍，银川

永宁县闽宁镇原隆村积分超市

市新调整村党组织书记100人，从党员致富带头人、退伍军人中选拔村党组织带头人155名，村"两委"班子平均年龄42.6岁，较上届下降3.8岁，大专及以上学历占比达49.1%，较上届提高29.1%，村党组织书记、村委会主任"一肩挑"比例达88.7%，较上届提高22.9%，年龄、学历、"一肩挑"比例实现"一降两升"。银川市免费开办村（社区）干部业余大专班，908人实现能力、学历"双提升"。聚焦提升乡村干部能力素质，扎实开展导师帮带、乡镇领导班子强基工程和农村人才回归工程，着力打造一支素质过硬的乡村振兴干部队伍。**三是优化参与机制，提升群众凝聚力**。银川市在整个宁夏回族自治区率先推行"积分卡"制度，将积分超市、村规民约"积分银行"、道德红黄蓝榜"评先曝丑"等乡村治理措施相结合，激发更多村民参与乡村治理的热情。实行农村爱国卫生志愿服务制度，新冠肺炎疫情防控期间，银川市组织动员2万余名党员干部下沉村（社区）担任志愿者，367名第一书记和驻村工作队员就地转变为疫情防控工作队，为全力打赢疫情防控阻击战发挥了积极作用。

四、激发多元共治活力，吹响共同治理"集结号"

践行党的群众路线，紧紧围绕群众需求，创新群众工作方法，加快实现以自治为核心、以法治为保障、以德治为引领的差异化治理，确保广大农民群众成为乡村振兴的真正主体。**一是突出村民自治，确保乡村治理有力**。发挥红白理事会、道德评议会、矛盾纠纷调解委员会等群众自治组织的作用，妥善解决群众普遍关心的热点和敏感问题，提升基层群众在乡村治理中自我管理、自我服务、自我教育、自我监督的能力水平，形成"有事好商量，有事会商量"的工作机制。银川市建立人民调解委员会846家，有专（兼）职人民调解员5 172人，调解网络实现全覆盖，确保"小矛盾不出村、大矛盾不出乡镇、疑难纠纷不出县区"。**二是突出法治保障，确保乡村治理有序。** 加强乡村法治宣传教育、完善乡村公共法律服务体系，银川市建成乡（镇、街道）公共法律服务工作站53个，村（社区）公共法律服务工作室567个，实现一村一法律顾问的全覆盖。加快推进农村"雪亮"工程建设，深入开展扫黑除恶专项斗争，创新实践"塞上枫桥"社区警务改革，银川市设立警务室（站）196个，乡村地区社区警务实现全覆盖。银川市开展"法律明白人"工程，培育"法律明白人"5 000余人。**三是突出德治引领，确保乡村治理有序。** 以弘扬社会主义核心价值观为引领，坚持塑形与铸魂并重，银川市建成新时代文明实践中心6个、实践所53个、实践站504个，新时代文明实践中心及所站总覆盖率达到100%。全面推进移风易俗，行政村全部成立红白理事会，"高价彩礼"现象基本得到遏制，移风易俗知晓率100%，全市文明村镇比例达90%。

贺兰县举办移风易俗集体婚礼

第三部分

发挥"三治"作用，健全治理体系

坚持"五种思维""小村规"撬动乡村"大治理"

> **编者按：** 为了实现村民自我管理、自我服务、自我教育、自我监督，石家庄市鹿泉区在乡村治理实践中，坚持系统思维、问题思维、法治思维、群众思维、互联思维，指导各村制定更符合村庄实际、更具有针对性和执行效力的村规民约，最大限度地发挥村民自治作用，打通乡村治理"最后一公里"。

石家庄市鹿泉区面积603平方公里，辖9个镇、3个乡和2个省级园区，常住人口55万人。西倚太行山，北临滹沱河，"三山一陵六分田"，各村之间因人文地理环境差异、风俗习惯不同，曾经矛盾纠纷不断。为提高乡村文明程度，鹿泉区坚持因地制宜，实行"一村一策"，发动村民广泛参与制定出更符合村庄实际、更具有针对性和执行效力的村规民约，最大限度激发基层自治活力，同时依靠法治全程监督、德治培育补台，不断健全自治、法治、德治相结合的乡村治理体系，以"小支点"撬动"大治理"。

一、坚持系统思维，三级联动全域推进

把制定好村规民约作为创建全国乡村治理体系建设试点示范县的重要内容，由组织、宣传、政法、司法、农业农村、民政、妇联6部门联合制定下发《关于做好村规民约和居民公约工作的实施方案》，明确了行动纲领、制

定了务实有效的贯彻落实举措。鹿泉区委、区政府主要领导当好"一线指挥部",主要牵头部门、乡镇党委政府主要领导主动"沉下身子",有针对性地制定部门及本乡镇(区)实施方案,村"两委"负责人把群众充分动员起来、整合起来。208个村结合各自实际,均制定了具体落实方案,上下联动、层层落实,实现全域整体推进。针对完善修订村规民约,创造出"群众点菜、律师把关、全民参与、全体执行"的治理路径,始终坚持"群众知晓、群众参与、群众认可、群众监督、群众执行",真正让村民成为村庄治理的主体。

二、坚持问题思维,群众事情自己办

(一)"一次摸排两张卷",热点矛盾全收集

聚焦群众所需所急制订村规民约。以村为基本单位,按照网格化管理机制,由乡镇包村干部和村"两委"干部牵头,分区域推进、入户走访填写问卷,确保各村全覆盖、每户一代表、人人皆参与,将群众真实的意愿摸排上来。首次摸排主要有以下目的:了解群众的急难愁盼事项、群众认为需要大家遵守的规则;提高群众对修订村规民约的知晓率、参与率。第一次全方位

曲寨村推进村规民约具体措施

摸排得知各乡镇入户率均在90%以上。问卷显示，不同的镇村所面临的具体问题不同。在第二次调研过程中，鹿泉区针对各村实际情况，设定更为具体、符合各村实际的内容进行再次摸底。两次问卷调研后，鹿泉区基本掌握了各村群众呼声较高、亟待解决的问题。其中，环境治理、移风易俗、赡养老人这3项内容，群众关注度分别为48.02%、37.53%、34.74%。调研数据为村规民约修订工作能够做实和做细打下坚实基础。

（二）"一村一策施奖惩"，推行适用方法新

调研发现，74%的村民认可的奖惩措施是批评和表扬。鹿泉区针对各村不同的村情特点，将群众能够接受的奖惩方式写进村规民约，让村规民约更具执行力。比如针对污水随意排放问题，在污水管网修建之前，获鹿镇下聂庄村提倡将生活用水重复利用，用其浇花、冲厕所等，对违反者进行上门劝说并责令清扫干净，三次以上者取消本年村内福利。针对移风易俗问题，大河镇小河村在村规民约中明确规定，喜事新办、丧事简办，遵守者奖励100元钱，通过正面奖励树立典型。针对老人的赡养问题，铜冶镇南甘子村由村集体出资筹备场地和基本设施，为村内独居老人提供餐食，老人只需缴纳低额的材料费和人工费。

三、坚持法治思维，约定也要有法可依

为了实现村规民约的合法合规和有效落实，鹿泉区充分发挥法治建设的保障作用。鹿泉区全域完成了"一村一律师"工程，采取群众"动嘴"、律师"跑腿"的服务理念，在村一级建立"法律诊所"，采用法律顾问定期"坐诊"或农民群众"预约"的方式，为群众开展法律援助服务。在村规民约工作推进过程中，鹿泉区坚持"三审查、三保证"。所有村规民约制订修订程序和稿件均邀请河北师范大学研究生院的教授和专家把关审查，保证工作的规范性；修订过程中村法律顾问全程参与，对村规民约进行合法性审查，保证内容的合法性；在关键节点举办新乡贤大会，邀请相关部门参加，最终通过"四议两公开"进行审议，保证制订程序的民主性。

四、坚持群众思维，民约解释有延伸

村规民约被制订出来，关键还要看执行。常态推进，"疏""堵"结合，为村民做好服务。比如，在鹿泉区铜冶镇，村规民约规定了红白事不能大操大办。为解决村民办红白事的难题，当地建立了农村红白理事会，负责对各村自身范围内举办酒宴开展教育引导、核准审批、劳务评估、台账管理等工作；吸纳各村长期从事红白事服务的司仪、唢呐手等经验丰富的人员，成立红白事服务队提供有偿专业的服务；建立宴席家政服务队，主要为事主提供餐具购买、宴席服务、婚庆礼仪、丧事劳务等有偿服务。将工作做实做细，让村规民约可执行、可操作，基层治理逐步向着规范化的方向稳步迈进。

红白事操办标准及承诺书

五、坚持互联思维，约束随手可见内化于心

2021年换届之机，鹿泉区重新修订了全部村庄的村规民约。为了不断适应时代发展，鹿泉区将208个村修订完善的村规民约，全部在区委组织部"鹿泉党员""乡村治理平台"全文公布，老百姓打开手机就能看到，还能及时在平台发表意见和建议。村民的意见和建议第一时间反馈给乡（镇）、村两级干部，既保障了村规民约有效实施，又不断促进村规民约更新。

同时，鹿泉区依托网格化管理，将每个村划分为不同的片区，党员作为三级网格员，根据各村实际情况包联10～20户，负责所包片区内村规民约的执行情况监督。网格员时刻关注所辖片区内的好人好事和违反村规民约案例，并经过实地走访了解情况后在系统中进行记录、更新红黑榜，定期在村内公布。村内形成了一种以遵守村规民约为荣、违反村规民约为耻的舆论氛围，激发了村民的主人翁意识，充分激发了自治活力。

网格化志愿者为村民发放明白纸

此外，鹿泉区结合文明家庭评选活动，充分发挥先进典型的示范带动作用，录制好人好事微视频2 000余条，投放到网络平台，激励村民向善向美。

村规民约制订实施以来，鹿泉区坚持"系统、问题、法治、群众、互联"五种思维，奏好依法"治规"，依规"治村"，依德"促治"三部曲，打好政府引导、群策群治组合拳，杜绝了红白事大操大办、铺张浪费互相攀比的不良风气，平均每年替每户老百姓可节约近万元的开销，实现全域重大刑事犯罪"零"目标，有效地促进了村民和谐、干群和谐。切实发挥村规民约在道德约束、社会调节、促进邻里和谐、维护社会稳定等方面的积极作用。开辟了依托村规民约促进乡村善治之路。

江苏省南京市江宁区
精准分类优治理　多治融合促振兴

编者按： 南京市江宁区立足区情实际，根据辖区内村（社区）经济发展水平、城市化进程和社区治理需要，坚持因地制宜、分层分类、精准施策，统筹推进城镇型、过渡型、农村型三类村庄治理现代化，探索形成了城市近郊乡村有效治理路径。

江宁区是南京市主城南部郊区，面积1 561平方公里，辖10个街道、201个村（社区），常住人口260万人。2020年，实现地区生产总值2 509亿元，一般公共预算收入264亿元，连续3年获评江苏省高质量发展先进区。近年来，在扎实实施乡村振兴战略中，江宁区突出需求导向、问题导向、效果导向，坚持因地制宜、分层分类、精准施策，统筹推进城镇型、过渡型、农村型村庄治理现代化，对推进乡村全面振兴和城乡深度融合发挥了强基固本的作用。

一、坚持因地制宜，区分三大类村庄，着力实现"治理促振兴"

江宁区在统筹推进乡村治理上，坚持一盘棋谋划、差异化推进、精准化评价、结果化运用。

一是实行科学分类。江宁区将已处于城镇建成区内，产业发展方向符合城市和园区规划布局、具有新型物业经济形态的村庄明确为城镇型，共有62个；将位于城镇规划内正在征迁或规划控制范围内冻结发展、主要任务是做好控违拆违和保障服务发展大局的村庄明确为过渡型，共有40个；将位于城镇规划外，产业发展方向明确为现代农业或生态休闲旅游经济的村庄明确为农村型，共有99个。

二是锚定治理方向。江宁区委、区政府系统谋划三类村庄治理，明确治理方向：城镇型村庄突出智慧化治理、创新性服务，过渡型村庄突出优化动迁安置、提升物业管理水平、促进集体资产保值增值，农村型村庄突出发展现代农业和生态旅游经济、保护生态环境、加强民生社保。江宁区出台相关政策，定期汇总会商，确保政策抓实抓好。

三是开展科学评价。江宁区坚持"评价促进治理"原则，对不同类型村庄的治理开展评价考核。首先围绕党建、精神文明、民主法治、平安乡村、服务阵地等建设，以及集体经济发展和农民收入增长等方面设置共性评价指标，再充分考虑三类村庄的发展现状和定位，分别建立3套个性评价指标体系。把群众满意与否作为评价村庄工作成绩的重要依据，将区级分类评价结果与村庄干部绩效资金、评先评优、选拔任用等相挂钩，对不同村庄治理现代化进展情况进行科学评价。

江宁区司法局开设美丽乡村法治讲堂

二、突出需求导向，针对城镇型村庄，着力实现"治理优服务"

立足外来人口加速集聚超过本地人口、群众诉求更加多元的特点，秉持"寓治理于服务中"的理念，重点聚焦"两化一长"，精细推进城镇型村庄治理。

一是升级"网格化"治理。江宁区传承发展"枫桥经验"，率先构筑"一个终端采集、一张地图指挥、一个后台管理、一个中心汇聚、一个平台应用"的"五个一"全要素网格治理体系，建成网格服务工作站401个。同时，不断推进"网格＋警格""网格＋综合执法""网格＋便民服务"等，实现内容集成拓展，实现了"小事不出网格、大事不出村、矛盾不上交"。

二是加强"智慧化"赋能。江宁区用好治理大数据，率先建成区街一体化指挥平台，按照"应归尽归"原则，推进36个区级部门信息数据融合，将各子平台数据汇集至区智慧城市运营中心，并根据权限将数据分为无条件共享、依申请共享，帮助村庄治理"更聪明"。结合疫情常态化防控需要，在1 078个小区整建制推进智慧技防小区建设，加快治理科技赋能。

三是探索"点位长"模式。江宁区在全区探索推广邵圣社区基层治理服务"点位长"模式。邵圣社区天地新城小区有居民近3万人，由于是老旧小区，物管、服务都不能适应发展需求，12345政务服务工单量长期处于高位，

东山街道泥塘社区组织医务人员开展义诊活动

邵圣社区结合党史学习教育"我为群众办实事"，创新设立"点位长"工作站，推行便民七彩联系卡，努力实现"有问我来答、有事我来办、有难我来帮"的点对点服务，快速高效地努力将群众各类矛盾诉求化解在小、处置在先。

三、突出问题导向，聚焦过渡型村庄，着力实现"治理带发展"

过渡型村庄处于城乡融合发展加速期，重点主攻"三化三增"，努力实现高效能治理带动高质量发展。

一是全面深化改革增资产。江宁区大力深化农村集体产权制度改革，在股权设置上突出村民权益优先，集体股降至30%、成员个人股增至70%。同时，将个人股权量化到人、固化到户。量化给股民的经营性资产仍属集体所有，由集体统一经营、管理和分配，让老百姓分享更多改革发展红利。

二是转化集体经济增动能。过渡型村庄在动迁过程中留下了一大批补偿资金，江宁区创新实施2%的征地留用地政策，为集体经济发展留下空间，引导有条件的村庄就地发展；鼓励不具备就地发展的村庄组成股份合作联社，利用征地集体留成资金、补偿资金在开发园区购置资产、返租经营，实现"飞地发展"。江宁区积极构建党组织领导下的村（居）委会、业委会、物业企业等多方联动的"红色物业"体系，实现党对住宅小区物业服务管理

江宁区江宁街道茶文化区——黄龙岘晏湖雅园

的工作引领。特别是有的老旧小区没有物业，区属国企集团组建红色物业管理公司提供服务。

三是强化监管增信任。 江宁区为切实保障群众对村级事务的知情权、参与权和监督权，建立"一单一图全公开"机制，编制形成涵盖7大类36项内容的村级事务小微权力清单及运行流程图，督促指导村干部"看图做事"、村民"照单监督"。江宁区委巡察办对36个村庄开展常规巡察，紧盯扶贫低保、"三资"管理、惠农资金、土地征收等重点领域，共发现各类问题480个，向纪检监察机关移交问题线索19条，推进村级权力"在阳光下运行"。

四、突出效果导向，针对农村型村庄，着力实现"治理强根基"

农村型村庄紧紧围绕"五个振兴"，狠抓"五引齐下"，切实通过有效治理夯实乡村全面振兴根基。

一是全面加强党建引领。 江宁区创新建立"宁帮手"体系，选派201名区管正职、1955名科级干部、40846名街村党员，分别作为村庄帮手、网格帮手、群众帮手，深入一线解决问题、帮助发展，有效提升了群众的安全感和获得感。

二是加快现代化设施引入。 江宁区集中力量补齐农村基础设施短板，创新采取"街企结对、市场运维"方式实施"1581"农村人居环境整治行动和污水处理设施全覆盖工程，具体包括100个特色保护村、500个集聚提升村、800个其他一般村和100个城郊融合村。

三是开展"万联万"行动引资。 江宁区聚焦农村全产业链条和农村资源高效利用，深入摸排梳理"村情清单""国企清单""民企清单"，搭建对接平台，强化资源保障，扎实推进"万企联万村、共走振兴路"行动。99个村庄与38家国企和42家民企实施117个联建项目，总投资金额达105亿元。

四是大力选树新乡贤引路。 江宁区充分把握乡土中国治理传统和乡村熟人社会特点，发挥新乡贤能人"情况熟、经验足、威望高"的优势，打造了有事好商量、新乡贤议事堂、村民理事会等一批议事协商平台，常态开展村民说事、民情恳谈、百姓议事活动。

茶区社区村民代表评选最美议事员

五是持续深化文明引导。江宁区结合全国新时代文明实践试点和文明城市创建，大力弘扬社会主义核心价值观，探索"道德积分超市""红白理事会"等做法，累计建成2个全国文明村、25个省级和80个市级文明村庄。

福建省厦门市同安区莲花镇
以"邻长制"优化"微治理"
激发振兴"新活力"

编者按：近年来，莲花镇创新推行"邻长制"，构建"村党组织——村民小组长—邻长—村民"乡村治理体系，形成"以邻为轴、责任到人、监管有力"的治理方式，激发了农民群众的内生动力，搭建了党组织为民服务新载体。

福建省厦门市莲花镇辖19个行政村、1个社区、153个自然村、202个村居民小组，户籍人口约4.7万人，常住人口约3.1万人。20个村（居）级党组织中，党委6个、党总支7个、党支部7个，现任村（居）"两委"成员127人，共推选602名邻长，激发党群"共治共管"活力。为解决服务群众"最后一公里"问题，莲花镇党委聚焦基层治理力量欠缺、手段粗放、群众参与意识不强等难题，以"邻长制"为抓手，激发村民群众的内生动力，搭建党组织为民服务新载体，持续推动近邻党建工作向农村拓展延伸。着力构建"村党组织——村民小组长—邻长—村民"乡村治理体系，激发党群"共治共管"活力。

一、"邻"聚党心，促引领

以基层党组织为核心，下沉重心、延伸触角，打通党建引领乡村治理"全链条"。**一是织密体系**。专题召开"邻长制"推广部署会，划分邻区、设

邻长在疫情防控期间自发参与卡口站岗

立邻长，构建"党组织—村干部—邻长—村民"四级联动体系，带动广大群众积极参与乡村治理，激发党群"共治共管"活力。**二是压实责任**。将602名优秀党员群众推选为邻长，明晰8项职责，引导邻长带头当好政策规定的宣传员、遵规守法

的监督员、村情民意的观察员、上报情况的信息员、沟通协调的联络员、矛盾纠纷的调解员、防火救灾的安全员、人居环境的检查员（"八大员"）。借助高山党校、初心使命馆等教育资源，组织邻长重走访贫问苦路、重温总书记殷切嘱托，夯实投身乡村治理的思想根基。**三是激励担当**。设立邻区公示牌，颁发邻长证，制作"邻长喊你来登记"红马甲，提升邻长履责意识和身份认同。强化正向激励，邻长优先推荐参与评先评优，优先作为入党积极分子培养考察，优先列入村级后备干部储备。

二、"邻"聚民心，促和谐

以"增进邻里感情，提升服务能力"为理念，增强服务实效，进一步凝聚民心。**一是促交流**。以凝聚"邻里心"为主线，邻长牵头组织开展中秋博饼、露天电影放映等各类活动，以常态化、日常化活动促进邻里间互相聊心事、唠家常，增进邻里间的相互了解；邻长也从家长里短中听出"民声"，精准掌握村民所思所想所需，形成了浓厚的"邻里共融共治共享"氛围。**二是强服务**。创新"我爱我邻"服务模式，发放邻长联系卡11 236张，推行挂牌服务，制订邻区"需求清单""服务清单"，征集"微建议""微心愿"，邻长带头对接落实，群众满意度显著提升。2021年春节期间，邻长入户发放

口罩16 000余份，助力疫情防控网进一步织密。**三是共商议**。邻里事，邻里了。坚持"有事好商量，邻里共商议"的理念，探索"邻里更近，议事更简，评价更准，公开更明"的工作机制，搭建邻里议事平台，依托党群服务站、文明实践站等场所，成功调处纠纷40余起，实现"小事不出邻、大事不出村、矛盾不上交"。

邻长为群众送防疫物资

三、"邻"聚力量，促和美

发挥邻长、党员干部、群众、社会等各方力量，形成强大合力，打造"多元共治"模式。**一是带头示范**。党员干部、邻长积极带头开展环境整治宣传、带头开展家园清洁行动、带头维护日常环境卫生"三带头"行动，打造生态宜居村庄。建立环境卫生评比红黑榜，邻长率先亮出自己家门口的环境卫生，实时通报进度，采用包村领导、包村组长、党支部监督的方式，压实整顿责任，全村每周组织一次检查督导。**二是群众参与**。在邻长、党员等带动下，村民逐渐从"站着看"向"跟着做"，再向"主动做"转变，主体意识得到进一步激发。结合文明城市创建活动，开展人居环境大整治，做好房前屋后文章。**三是社会助力**。共建单位、社会各界不仅在环境整治中结合

"洁净家园"行动开展文明志愿活动，还大力支持村庄发展，厦旅集团派驻12名骨干，协助村民打造"听风阁"等48栋精品民宿；厦门农商银行提供小额贴息贷款400多万元，为52户茶农解决资金难题。

四、"邻"聚发展，促业兴

紧贴村情，善谋发展思路，发挥村民所长，助推业兴致富，实现邻里合心、收入称心。**一是谋定后动**。村庄发展，只有"汇聚民智"才能"落地有声"。邻长、党员干部充分利用农闲时间、茶余饭后召集邻区村民共话村庄发展。鼓励村民群众在"微心愿"征集中建言献策，依托老人协会、乡贤理事会、村民理事会、高山议理堂（"三会一堂"），吸收老党员、老干部、老模范、老军人、新乡贤、返乡人才、共建单位建议，形成"红色教育、乡村旅游、生态民宿、农产销售"四业并进的良好格局。**二是典型带动**。军营村第四邻区邻长高树足是全国农村青年致富带头人，采取"公司+基地+农户"模式，与村民签立订单1.28万亩，收购近5000亩野茶树茶青，带动周边村民增收200多万元。白交祠村第六邻区邻长杨志成不仅自己率先开起了农家乐，还主动给邻居村民传授厨艺、经营技巧，带动3户村民也开办起了农家

邻长带领邻区村民到优秀企业学习制茶工艺

乐。**三是合作联动**。搭建"共享技能"平台，鼓励邻里分享本事技能，共享资源技术，提升村庄发展水平。例如，村民们在茶叶烘焙技术切磋观摩活动中都拿出了自己的看家本领，共同研究、提升制茶水平，促进茶叶质、量双提升。

五、"邻"聚乡情，促文明

坚持以文化为引领，以乡亲乡情为纽带，传承乡村文明，营造邻里相亲的良好氛围。**一是携手爱心互助**。融入"爱心厦门、同安在行动"建设，邻区里组建"爱心帮帮团"，发动新乡贤、共建单位、社会组织参与成立"邻里爱心基金"，在节假日为贫困村民、残疾人家庭送上油、米以及温馨的祝福，为孤寡老人、行动不便的村民打扫卫生，给小孩赠送文具、图书等，营造邻里一家亲的氛围。**二是立规引导风尚**。制订村规民约，推进移风易俗，培育向上向善的邻里文化。将家风家训与核心价值观和法律法规相融合，制订村规民约，编制"邻长顺口溜"，通过"村务通"、村村响广播广为宣传。邻区间互相监督，对违反移风易俗，红白喜事大操大办的进行劝阻。形成不攀比、不比场面的氛围，近一个月来就停办、简办婚丧喜事10余场。**三是共育文明乡风**。邻区内的农家乐、民宿共同遵守诚信经营公约，不缺斤短两、不宰客、不哄抬价格等，倡导礼貌用语、文明待人。同时，开展"邻里节"，鼓励群众成立褒歌表演队、广场舞队等文艺队伍，让群众在"文化共享"上各得其所，在"文化参与"上各显其能。连续多年举办高山"春晚"，群众自编自导，反映乡风新貌。

江西省赣州市大余县
"时间银行"助推乡村善治

编者按：大余县打造以"时间换积分，积分换服务"的"时间银行"积分模式，以"时间币"为桥梁，连接积分与时间，在全县通存通兑互换服务时间与志愿服务。通过"时间银行"，引导社会主义核心价值观成为农民群众的行为准则和自觉意识，形成了"我为人人，人人为我"的社会新风尚，助推乡村善治。

江西省赣州市大余县地处赣、粤、湘三省交汇处，面积1 368平方公里，辖11个乡（镇）、120个村（社区），总人口31万人。近年来，大余县针对创新基层治理方式、引导多元主体参与、推进治理体系和治理能力现代化等方面存在的短板和弱项，紧紧抓住全国首批乡村治理体系建设试点机遇，创新"时间银行"积分制新模式，以"时间币"为桥梁，在全县通存通兑互换服务时间与志愿服务，"时间换积分，积分换服务"，培育积极公民，厚植善治土壤，着力构建乡村善治新格局。

一、激发活力，"时间银行"压茬推进

大余县通过党委领导、政府引导、村民自治推进"时间银行"，破解村民主体缺位、农村基层治理缺抓手等问题。**一是注重党委领导。**坚持各级党委对"时间银行"推进工作的全方位领导，党员干部以身作则带头参与"时间银行"，发挥了党员干部的先锋模范作用，进一步增强了基层党组织的凝聚力，强化了基层党组织在乡村治理中的领导地位。**二是注重广泛宣传。**通

过召开村民代表大
会、户主会，发放宣
传手册，利用村务公
开微信群、喇叭广
播，创新结合"村村
一台戏"文艺演出等
多种形式，把"时间
银行"运行内容讲
明、讲透、讲彻底，
消除群众思想和行动

元龙村"时间银行"

上的疑虑，做到人人知晓银行、人人明白内容、人人参与其中。**三是注重村民自治**。通过让农民群众参与"时间银行"制度内容、评分标准、运行程序等环节的商定，广泛征求群众的意见和建议，强化村民主人翁意识，提高村民自我管理、自我教育、自我约束的能力，实现精神文明的水平提升。

二、定性定量，"时间银行"明德育人

以"时间换积分，积分换服务"的方式激励群众参与乡村治理基层自治，打造"我为人人，人人为我"的服务新模式。**一是在细则制订上下功夫**。积极征求村民、老党员、老干部等多方意见，完善积分细则，对"积美、积孝、积善、积信、积勤、积俭、积学"7个方面进行量化，让细则更具可操作性，与村民形成了良好的互动氛围，激励村民崇尚文明行为，如制订细则"为本村单身青年牵线做媒成功计20分/起"。以满足村民服务需求为导向，制订包括"家政服务、维修保养、农业服务、公共服务"4方面的服务选项；根据实际服务时长，设定时间与服务的兑换标准，通过服务时间与服务的互换，将公德行为内化为习惯，实现"你为我出力，我为你尽心"的良性循环。**二是在积分和时间的互通互换上下功夫**。每个家庭可在"时间银行"办理一本"储蓄存折"，农户通过积分可定期到"积分超市"兑换物资；

农户或志愿者通过向有需求的村民提供服务获取时间，存入"时间银行"，存入的时间可在自己需要帮助时用于兑换志愿服务或捐赠给需要帮助的储户。每名储户有基础分100分，超出100分的积分可按每10分转换成1个时间币存入"时间银行"；储户存入的服务时间1小时等于1个时间币，时间币可兑换物质或服务；时间币不够的储户在支取服务时可向"时间银行"贷款。以"时间币"为桥梁连接积分与时间，通存通兑，家庭枳分以"时间存储"开展互助新模式，有效节约村级积分兑换物质的开支，进一步推动了村民以德行换德行的良好氛围建设。

大余县积分银行的储户存折展示　　　　时间银行宣传图册

三、打破局限，"时间银行"开拓创新

大余县与时俱进，不断打破地域壁垒、激励局限，连接线上线下，重新定义服务范围，推动"时间银行"提档升级。**一是全县推行，打破地域局限**。在新城镇水南村等21个试点村"时间银行"建设的基础上，在11个乡镇全面推行"时间银行"建设工作。存入"时间银行"的时间可在全县的"时间银行"支取服务，做到全县统一品牌，各村以支行形式运行，实现了跨区域办理、就近能办的目标。**二是政策反哺，打破激励局限**。打破物质激励和精神激励的局限，通过每年度开展储户"评优评星"活动，实施"三奖"（精神激励奖、物质激励奖、优先礼遇奖）政策反哺，进一步树立"好人好报、德行天下"的价值导向。例如邀请星级家庭参加有关重大活动；每年安排星级家庭免费检验；星级家庭成员可在县内景区享受免门票参观浏览

的待遇。**三是智能助力，打破线下局限**。搭建"时间银行"数字平台，县、镇、村三级建立管理账号，将"积分储蓄存折"转换成电子存折，在电脑端平台上进行积分兑换、积分登记、积分统计、积分归档，实现全村积分情况皆知，构建广覆盖、快响应、速登记的管理体系。村民可登录"大余时间银行"微信小程序，随时随地使用积分上报、服务需求发布、志愿服务"接单"等功能，实现"数据多跑路，群众少跑腿"。**四是工作结合，打破常规局限**。坚持"时间银行"与重点工作有机结合，将群众参与宅基地制度改革工作、春耕生产工作、应征入伍工作等纳入积分奖励内容，将森林防火宣传、疫情防控、人居环境整治等纳入志愿服务内容，联通多个领域，实现各项工作互进互促。

四、规范护航，"时间银行"行稳致远

大余县通过设立机构、建章立制、健全激励体系，程序化、制度化、有效化推进"时间银行"建设。**一是成立"一组一会一场所"**。成立镇级"时间银行"积分制工作领导小组，负责推进辖区村级"时间银行"建设；成立村级积分评议委员会，每月对所有上报或线下记录的"七积"积分和志愿服务时间进行评议审核，并推举季度"优秀家庭"和年度"星级家庭"；成立积分超市，统一标识、标牌，落实线下兑换网点，确保"时间银行"正常运行。**二是建立完善"1+2+3"制度**。健全人员管理制度，明确积分超市工作职责，搭建专业志愿服务人才库，为"时间银行"提供人才保障；健全积分超市物资接收制度、积分超市物资兑换制度两项制度，确保"积分超市"物资丰富，进出平衡；制定积分使用管理办法、积分兑换办法、积分奖励办法3项办法，确保物资兑换和时间兑换公平、公正、公开。**三是推行"3榜积分"**。以月积分为依据，分别对积分排名前列的家庭通过红榜公示；对积分排名靠后的家庭通过黑榜进行曝光，并确定专人进行重点对接帮教；以年度积分为依据，对各村年度积分榜总积分、总服务时间排名前三的家庭进行奖励。让村民在红黑榜和年度积分榜中体会荣辱感，达到警示村民的作用，调

"时间银行"运行办法

动村民参与"时间银行"的积极性。

大余县自推行"时间银行"以来，农村志愿服务队伍不断壮大，农村邻里互助氛围良好，矛盾纠纷事件连年下降，涌现了一批道德模范，基层社会更加和谐文明。仅2021年8月，时间银行各支行共计开展322次，1 411人次志愿者服务活动，获得4 156个时间币，涉及上户宣传疫情防控，送老人到卫生院接种疫苗、开展环境整治、捐资助学等志愿活动，有效提升了村民的幸福感和对乡村工作的满意度。

广东省韶关市仁化县
以"民情夜访"推动乡村有效治理

编者按： 仁化县按照农民群众日出而作、日落而息的劳作规律，依托领导干部驻点直接联系群众制度，创新开展"民情夜访"活动，由县、乡镇领导深入挂点村倾听民声、掌握民情，就地解决群众揪心事、烦心事。"民情夜访"直面群众、直击问题，持续推动工作重心下移，打通服务群众的"最后一公里"，密切了党群和干群关系，夯实了基层党建基础，提升了基层的组织力和治理能力。

仁化县地处粤北，紧接湘赣，面积2 223平方公里，其中山地丘陵占90%。辖10个镇、1个街道、125个村（社区），总人口约24万人。为破解农村基层矛盾多元化、基层治理力量不足的问题，仁化县自2017年以来根据农村居民生活工作特点，依托领导干部驻点普遍直接联系群众制度，创新开展"民情夜访"，听民情、解民忧。全县各级干部累计开展"一线双联"和"民情夜访"活动15 800多次，收集问题和建议8 900多个，解决问题4 320多个，进一步密切了干群关系，有效维护了农村基层稳定。

一、建机制，推动干部深入乡村一线常态化

仁化县专门印发"一线双联"民情夜访工作制度，使"民情夜访"活动有章法、可执行，而且更贴合粤北山区实际。

（一）建立"三包""两访"工作制度

"三包"即由县领导包1个乡（镇）、县直部门包1个村、干部包1个以

上贫困户或信访人员。要求县四套班子成员、"法检"两长，以及县直单位主要领导和乡镇班子成员每周至少安排1个晚上（原则定在每个周三）到各挂点乡镇、村开展"民情夜访"，把县、镇领导干部晚上到自然村走访村小组长、贫困户、信访人员，以及与基层干部谈心谈话作为夜访规定动作。**"两访"**即主要通过有针对性地约请党员、群众等到民情接待室访谈和上门去重点户家访两种方式进行夜访，发现问题，解决困难，推动工作。

（二）明确"六必""四线"工作要求

仁化县要求"夜访"干部做到"六个必须""四个一线"，推动"民情夜访"活动落实落地。**"六个必须"**即必须走访2～3户农户（晚上），必须召开村"两委"干部座谈会（晚上），必须召开乡村振兴或平安建设工作会议，必须研究美丽乡村和基层党建三年行动计划推进情况，必须到自然村走访村小组长，必须解决1～2个实际问题。**"四个一线"**指的是开展一线调研，切实掌握扶贫情况；开展一线宣传，切实凝聚脱贫共识；开展一线指导，切实打通脱贫攻坚"最后一公里"问题；开展一线督查，确保党委、政府涉农重要工作部署落地落实。

开展"民情夜访"活动

（三）强化"四个一"工作责任

一周一汇报，严格落实初访首办负责制，如实登记群众反映情况，建立"民情夜访"工作台账，接访领导负责全程跟踪，直至办结；每周由包村包片干部将访民情、解民忧情况向工作组组长汇报，工作组组长向镇、村班子汇报研究解决。**一月一排查**，乡镇、村两级每月对群众反映的民忧进行一次排查，督促解决，及时销账，确保件件有落实、事事有回音。**一季一回访**，包村包片干部及村干部每季度对解忧销账的群众进行一次回访，及时收集群众的反馈意见。**年度一考评**，每年年底测评"民情夜访"活动开展情况，对开展好的单位和个人给予奖励，对开展较差的单位或个人给予处分并限期整改。

二、强保障，激励干部深入乡村一线勇担当

为深入推进、拓展延伸"民情夜访"活动，仁化县建立健全激励保障"三项制度"，不断提升工作实效。

（一）建立基础保障制度，筑牢阵地增强服务力

仁化县为保证乡镇干部认真落实"民情夜访"，破解乡镇干部"走读"问题，投入1 500万元建设11个镇干部周转房宿舍，新增交流干部宿舍190套，确保县、镇两级干部全部落实好"五天四夜"制度。配套完善乡镇食堂、文体室和图书室等"五小"设施，改善了乡镇干部生活条件，为乡镇干部安心基层、奉献基层、扎根基层提供了坚实的保障。

（二）建立正向激励制度，选树先进增强战斗力

仁化县分层分类用"三个一百"解决不同群体的激励问题。**县、镇干部方面**，每年专门从年度考核中安排100名左右的优秀指标，奖励在推进基层党建、基层治理、精准扶贫等工作中表现突出的干部。**村干部方面**，建立村班子和村干部绩效考核实施意见，每年拿出100万元作为绩效奖励，对"两委"干部在落实各项工作任务的表现进行考核，分类奖励。**"头雁"选配方面**，每年投入330万元为镇、村统一招聘100多名年纪较轻、素质较高的党

群服务中心系统操作员，作为"头雁"工程人选进行培养锻炼，强化了"民情夜访"的工作力量。

（三）建立责任挂钩制度，严格纪律增强约束力

仁化县建立县四套班子党员领导干部个人绩效以及县直各单位绩效、年度考核与挂点镇村成效挂钩制度，凡是镇、村在基层党建、社会治理、乡村振兴等工作中出现问题或成效不佳的，挂钩的县领导和县直单位领导均扣除相应的绩效奖金。县作风办对住夜和开展夜访工作情况进行不定期突击检查，实行"一次通报、两次列入考验性管理、三次交由纪检监察部门处理"。通过正向激励和负向约束相结合，有力推动"夜访制度"落实，形成了大抓基层保稳定促发展的良好氛围。

三、出实效，营造干部深入乡村一线大氛围

"民情夜访"活动开展以来，在排解民忧民困、推动固本强基方面成效显著，受到了农民群众的热烈欢迎。

（一）转变了干部作风

仁化县通过符合乡村特点的制度形式将领导干部联村联户、大抓基层的成果固定下来，引导各级党员领导干部在乡村振兴、基层治理等重点工作和处理农村复杂工作中锤炼本领、增长才干。广大领导干部到偏远难行甚至县城几十公里外的山村间寒问暖，既做政策法规的"讲解员"，又做倾听群众心声的"知心人"，还做聚焦夜访问题化解的责任人，让不少群众感受诚意、敞开心扉，达到了"听真话""干实事"的目的，密切了党群、干群关系。

（二）推动了重点工作

仁化县通过推动领导干部重心下移，加快推进基层治理、乡村振兴等重点工作。如通过对精神障碍患者、涉毒人员访谈，加强了相关方面的服务管理，改善相关农村（社区）治安。又如围绕美丽乡村调研访谈，抓准制约环境整治的人、地堵点，精准施策，推动工作提速，行政村"三清三拆三整治"任务完成率100%，农村无害化卫生户厕普及率达99.4%。在新冠肺炎

疫情防控期间，结合开展"民情夜访"活动为139名困难农户解决就业和农产品滞销等问题，滞销的砂糖橘、贡柑、蜂蜜等农产品全部售罄。

深入董塘镇安岗村挂点帮扶贫困户家

（三）增强了工作力量

仁化县将"民情夜访"与"网格治理、组团服务"相结合，明确共同推进乡村振兴、基层治理等8项任务。夜访干部发挥政策、资源优势，就近加强396个网格，与镇村网格实行信息互通、问题互研、工作共推，切实把党和政府的工作触角延伸到社区末梢、覆盖到各个角落，加快了农村基层矛盾的纠纷排查与化解。

创新"六事"治理方式　提升乡村善治效能

　　编者按： 蕉岭县通过"一个支部管事"强化核心引领，"一张清单明事"健全权责体系，"一套机制议事"构建协商机制，"一个地方说事"畅通民意表达，"一种方法评事"引导村风家风，"一个模式强事"激活发展动能，搭建产治联动的乡村治理体系，有效破解了山区乡村内生动能不足、治理与发展脱节的难题。

　　蕉岭县位于广东省东北部山区，毗邻闽赣，总面积960平方公里，下辖8个镇，户籍人口约23万人，是全国乡村治理体系建设试点县之一。近年来，蕉岭县坚持问题导向，积极探索"六事"，即"一个支部管事、一张清单明事、一套机制议事、一个地方说事、一种方法评事、一个模式强事"，综合治理路径，形成了"支部引领、多元共治、全要素联动"的乡村治理机制，着力挖掘内生治理资源、提升内生治理效能，基层党组织的领导力明显提升，乡村社会治理与经济发展协同推进优势凸显。2020年，全县在保持城乡社会稳定的同时，地区生产总值历史性突破百亿元，同比增长5.1%。

一、"一个支部管事+一张清单明事"，全盘统筹抓好顶层设计

（一）"一个支部管事"强化党建引领

　　蕉岭县以工程为抓手，强班子、强管理、强服务，带头联系服务群众、带头参加公益活动、带头支持村庄建设、带头创业带富"三强四带"实施"一支部一品牌"建设，"一村一策"提升组织力，强化党组织对乡村治理工

作的统一领导。由村党组织审议研究村级"三重一大"事项，由村党组织提名村监委会、监事会、村民理事会成员人选，要求农村各类组织定期向党组织汇报工作，推动农村党组织对其他基层组织的领导程序化、规范化、制度化。进一步完善党支部服务日制度和村干部包片、党员包户服务群众制度。围绕产业发展提升党组织领航力，举办产业发展培训班。蕉岭县以"村推镇选县考察"模式选拔217名优秀党员进入村党组织书记后备队伍，培育277名党员致富带头人，打造105个党员创业带富基地。全县选派291名县直机关干部，组成97个工作队到其出生地（成长地）开展"联乡兴村"工作，帮群众解决小微问题500多件，为群众办实事和好事1 600多件。

（二）"一张清单明事"健全权责体系

蕉岭县探索编制镇、村（居）权责清单，明确镇、村（居）职权划分，明确公开权责运行流程图。将"晒"权力清单、"亮"权力家底延伸到村（居）一级，让干部"看图说话""照单办事"，形成覆盖县、镇、村（居）三级的权责清单体系，加强权责管理，打通乡村治理堵点。目前，全县镇级权责清单、村级小微权力清单、村级组织协助政府工作事项准入清单全部编制完成。8个镇按照行政审批标准化要求，明确并向社会公布镇级权责清单事项154项；依托县、镇、村三级党政综合服务平台，实现了进村政务服务"一窗口受理、全程代办"。村党组织"三重一大"重要事权按程序列入自治章程、集体经济组织章程。蕉岭县印发《蕉岭县村（居）民委员会工作职责事项指导目录》，明确村民委员会群众自治工作职责事项11类共47项，村民委员会协助政府工作职责事项11类共70项，应取消和禁入事项19项。

二、"一套机制议事+一个地方说事"，因地制宜激活内生动能

（一）"一套机制议事"构建协商机制

蕉岭县积极加强多层协商，挖掘内生动力，做到有事多商量、遇事多商量、做事多商量。在村一级成立村级协商议事会，形成以村党组织为领导，包括村"两委"成员、村民代表、村民理事会理事长、村监委会成员、退休

人员、驻村工作组等多元主体参与的议事协商机制；在自然村、村民小组成立村民理事会，进行常态化协商议事；根据事项涉及范围，还成立专项理事会开展协商，实现了"大事大协商""小事小协商"，建立了常态议事协商与专项议事协商双轨运行机制。同时，充分发挥妇女、老人、义工、志愿者等协会以及合作社等各类社会组织协同治理作用，营造"事事有人管、好坏大家判"的乡村治理新格局。

广福镇叶田村召开协商议事会

（二）"一个地方说事"畅通民意表达

全县107个村（居）利用党群服务中心，按照"有场地、有人员、有制度、有活动、有经费、有设备"的"六有"标准，建设党代表、人大代表村级联络站点，作为县、镇、村三级代表接待服务的固定场所。建立党支部服务日制度和人大代表服务日制度。村党组织书记、委员服务日定为每周五，县、镇人大代表服务日定为每周二，主要接待、服务党员与群众，收集民意、解决问题，提升服务群众效能。村级党群服务中心职能得到拓展，逐步成为村民说事议事、反映难事的沟通场所。

广育村党群服务中心接待服务党员群众

三、"一种方法评事＋一个模式强事"，产治联动构建长效治理机制

（一）"一种方法评事"引导村风家风

治理有效要实现将"村里事"变成"家家事"。蕉岭县以美丽乡村、富美村民为导向，与阿里公司"乡村钉"合作开发"积分＋"微治理App，实施自然村、农户"双积分"制度，推动纷繁复杂的村级事务逐渐标准化、具体化。各行政村以村党组织为领导，吸纳各类社会组织负责人、各级党代表、人大代表、农村党员加入评议团，经村民民主协商通过，制订评分细则。按照"以自然村积分把控发展方向、以农户积分激活内生动力"的思路，采取"基础评分＋加分项－减分项"相结合的方式合理设置积分内容，每季度统计一次，张贴公示，实施全过程纳入镇纪委、村监委会监督范围，保障公正公平。激励方式坚持精神鼓励为主、物质奖励为辅，正向激励为主、奖罚结合的原则，积分靠前的自然村优先被推荐评优，并规定积分可以换取村庄配套奖补，作为信用村等评定依据。积分靠前的农户可获得评星定

级、荣誉表彰等，优先成为村"两委"班子后备人选、入党积极分子或参军等，其本地银行信贷额度可适度提升。在定点超市和钉钉平台，农户积分可用于兑换日常生活用品。

龙安村乡村治理积分兑换超市

（二）"一个模式强事"激活发展动能

治理有效离不开经济发展支撑。蕉岭县结合全国农村集体产权制度改革试点工作，实施村集体经济股份制改革和资产股份制管理，完善村的"三资"管理制度，探索"要素联动"的村集体经济发展模式，为农民谋事干事提供经济赋能。在此基础上，以"党支部+五社"为组织载体，发挥股份合作经济联合社、土地合作社、资金合作社、劳务合作社、产业合作社的作用，整合村内和村际分散闲置的土地、资金、劳务、产业、人才等要素资源，推动破解乡村发展的人、财、地3个关键问题。"五社"均以党员为领头人，在村党组织统筹协调下强化分工合作，有效提高规模经营、规范管理水

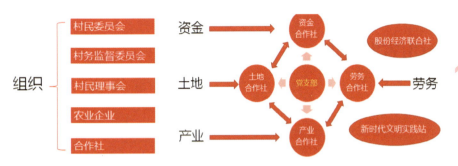

"一个模式强事"激活发展动能

平，拓展了分红、务工等多种增收渠道，村民社员间的经济政治联系明显增强，实现市场竞争力、团结战斗力双提升。全要素联动改革模式从制度上根本性解决了群众对集体经济组织权益的诉求，产治联动为乡村长效治理注入动能。

海南省儋州市
建立基层联动调解机制　加强法治乡村建设

编者按：海南省儋州市充分发挥司法行政职能优势，强化公共法律服务体系建设，在乡村治理中建立基层联动调解机制，着力化解基层矛盾纠纷，构建线上线下人民调解信息化网络矩阵，创新普法宣传渠道，不断提高乡村法治水平，以优质的法律服务和坚强的法治保障，助推乡村全面善治。

儋州市地处海南岛西北部，濒临北部湾，是海南西部的经济、交通、通信和文化中心。全市共辖1个街道、16个镇，户籍人口97万人，其中农业户籍人口66万人。近年来，为解决农村矛盾纠纷突出问题，儋州市充分发挥司法行政职能优势，建立基层联动调解机制，构建线上线下人民调解信息化网络矩阵，着力化解矛盾纠纷，有效维护农村社会和谐稳定。2020年以来，全市累计办理各类法律援助案件2 753件，免费解答法律咨询6 282人次，公证处受理各类公证事项5 196件，免费解答涉及公证的法律咨询7 794人次。组织各级调解机构开展集中性大排查27次，共排查出各类矛盾纠纷975宗，其中调处975宗，调处率100%，调处成功929宗，调处成功率95.3%，为当事人挽回经济损失3 143.54万元。

一、建立联动调解机制，推动多元化调解工作

（一）加强工作体系，多部门共同发力

儋州市充分发挥政府、社会组织、个人等多元主体力量，着力构建政府

组织、部门引导、社会支持、群众参与的法治乡村建设工作格局。建立完善的人民调解、行政调解、司法调解联动工作机制，成立儋州市公共法律服务广场（多元化解纠纷中心），进一步深化公共法律服务"3+X"模式，"3"即人民调解、行政复议、法律援助等基本职能，在公共法律服务中起主导作用；"X"为拓展职能，将根据实际需要提供仲裁、公证、司法鉴定、诉调对接、检调对接、公调对接等法律服务，初步实现了人民调解与行政调解、司法调解的有机结合。

开展公共法律服务中心推广活动

（二）优化工作模式，最大化发挥作用

通过建立诉调对接、检调和解、公调对接等多项联动工作机制，整合公安、检察院、法院、司法等重点部门力量，采取重点部门集中常驻、涉事部门随驻的窗口服务方式，对矛盾纠纷进行全科受理，形成了"一站式接待、一揽子调处、全链条解决"的工作模式。儋州市法院和市司法局将矛盾纠纷化解的力量下沉在乡镇、村一线，依托基层调解组织，联合基层法庭，推动形成"法官+调解员"联调的工作模式，共同开展诉前人民调解工作。法院立案人员在诉前可根据案件具体情况，建议当事人将纠纷交由相关人民调解委员会进行诉前调解。诉中经各方当事人同意，人民法院可以将民事案件、

刑事附带民事案件，委托相关的人民调解委员会对案件进行调解，法院及时依法对调解协议予以审查确认。2020年以来，儋州市共有联合法院调处矛盾纠纷80宗，成功调处诉前调解案件40宗。对于调解不成功的案例，引导当事人通过诉讼程序解决，维护了社会和谐稳定。

二、充分实践"枫桥经验"，有效化解基层矛盾纠纷

（一）打造"枫桥经验"儋州实践

儋州市坚持以人民为中心的思想，听民声、了民意、解民忧，加强乡村基层精细化管理，推动"矛盾不上交、平安不出事、服务不缺位"的新时代"枫桥经验"在儋州落地生根。积极创建可推广、可复制的人民调解示范点，推出"胡哥调解室"等人民调解品牌，发动"五老"人员等各方参与，巧用村规民约、公序良俗，于情、于理、于法化解矛盾纠纷，最大限度地把矛盾纠纷化解在基层，为"枫桥经验"注入更多的时代内涵和地方元素。

（二）织密"人民调解"一张网

儋州市292个村（居）全部建立人民调解委员会，做到人民调解组织全覆盖。同时成立医疗、劳动纠纷、道路交通事故、婚姻家庭、物业管理5个具有行业性和专业性的人民调解组织，共配备调解员1 502名（含在职专职调解员48名），其中镇级专职调解员98人，村级专职调解员1 008人，行业性、专业性专职调解员22人，乡（镇）专职人民调解员26人，市法院共配备特邀调解员36人，形成了"横向到边、纵向到底"的人民调解网络。

（三）画全"法律服务"一个圈

儋州市组织全市292个村（居）委会与49位律师及法律工作者签订村（居）法律顾问合同，研究制订法律顾问考核办法等制度，实现法律顾问覆盖率100％。2020年来，全市村（居）法律顾问共开展法律宣传活动320场次，解答群众法律咨询2 000多人次，协助292个村（居）修订、完善自治章程、村规民约，为集体经济发展审查修订合同102份，起草相关法律文书

101份，参与调解复杂民间矛盾纠纷101件，协助处理涉法事务65件，切实维护村（居）委会和村（居）民的合法权益。

三、完善现代化调解矩阵，提升公共法律服务水平

（一）线上与线下调解同步发力

儋州市顺应"互联网＋"大数据发展趋势，构建人民调解信息化网络矩阵。线上通过互联网平台，线下依托全市16个镇级调解委员会，以多元化调解纠纷为枢纽，全方位开展矛盾纠纷案件线上受理、视频调解，实现人民调解"随时、随身、随地服务"。

（二）打造"智能化"公共法律服务

儋州市在市、镇两级公共法律服务机构投放16台公共法律服务终端机和1台"无人律所"。自助终端机充分结合人工智能、大数据和互联网的优势，全方位为群众提供法治宣传、人民调解、法律援助等智能导引和自助办

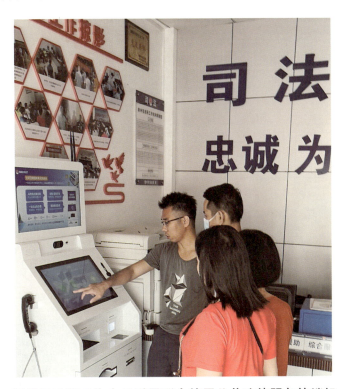

新州司法所工作人员引导群众使用公共法律服务终端机

理业务。同时，可以进行有关案例、法律法规文书等内容的查询、针对生活中常见疑难问题可以与在线律师通话进行远程咨询。儋州市中和司法所利用网络平台成功调解一宗跨越海南和北京两地，相隔3 000公里的劳资纠纷，有效维护了农民工合法权益。

四、创新普法宣传载体，推动法治思想深入民心

（一）拓展宣传渠道，丰富宣传方式

儋州市创新普法新模式，利用新媒体传播速度快、覆盖面广等特点，及时推送各级机关权威法治信息、典型案例分析、儋州法治山歌调声等普法作品，充分发挥儋州本地"诗乡歌海"的传统特色文化优势，把农村经常遇到的法律知识和当地发生的故事融合编排成山歌调声节目，把枯燥的法律学习变成了"趣味学法"。深入开展疫情防控普法宣传，编写儋州人民喜闻乐见的疫情防控山歌调声，利用微信公众号等新媒体平台进行推送，并通过普法

开展"护航自贸港—禁毒在行动"暨庆祝建党100周年普法宣传活动

宣传车广为巡回播放。

（二）推进全民普法，营造良好氛围

儋州市积极延伸宣传触角，开展全方位宣传，利用"互联网＋普法"新模式，发布全国法治宣传工作信息，传播法律知识，使法治宣传教育工作更加生动、鲜活、亲和，使农民群众潜移默化地受到法律知识和法治观念的熏陶，达到普法效果最大化。2020年以来，共开展各类法治宣传活动476场次，发放各种法治宣传资料27万多份，悬挂横幅436多幅，发放奖品约2.7万份，提供法律咨询6 300多人次，受教育人数76万多人次。

"四访"工作法提升基层治理能力

编者按：奉节县聚焦乡村治理中的突出问题，探索开展干部走访、教师家访、医生巡访、农技随访的"四访"工作法，建立健全党组织领导的自治、法治、德治相结合的乡村治理体系，推动转变干部作风、改进工作方法、服务引导群众、巩固执政基础，建设乡风文明、文化兴盛、和谐稳定的善治乡村。

奉节县地处三峡库区腹地，曾是国家扶贫开发重点县之一，2015年以来，奉节县通过全覆盖、网络化、地毯式入户走访，摸排出丧失劳动能力的贫困人口948户1 013人，其中残疾占比达51.5%、疾病占比达12.3%。为彻底解决贫困问题，奉节县逐步探索出干部走访"扶志"、教师家访"扶智"、医生巡访"扶弱"、农技随访"扶技"的"四访"工作法，用干部的脚步缩短干群距离，用教育引导激发内生动力，强化医疗救助保障民生，汇聚优势资源促进农民增收，为全面推进乡村振兴打下了坚实的基础。

一、干部走访"扶志"，以干部辛苦指数换群众幸福指数

奉节县干部坚持靠作风吃饭，做实遍访群众、引导群众、服务群众，通过缩短物理距离，拉近干群心理距离。

（一）坚持"一网覆盖"

奉节县将全县划分为3 521个网格，落实5 085名网格员，建立县、乡、村三级网格体系。县委主要领导带头走遍390个村（社区），走访全县贫困群

众。严格落实"四个不摘"要求，充实520名县管干部联系帮扶1 007户重点帮扶户，对24.72万户群众循环反复走访。涌现出了"三多队长"肖恩、"最美村官"余红梅等一系列先进典型。

（二）落实"八个到位"

奉节县按照干部到户见面到人、宣传到户引导到人、政策到户落实到人、问题到户解决到人、产业到户收入到人、环境到户文明到人、帮扶到户志智到人、效果到户满意到人的"八到户八到人"工作要求，通过每月入户开一次家庭会、做一件贴心事、干一天农家活、吃一顿家常饭、住一晚农家屋的"五个一"和到户看院子、抬眼看房子、伸手开管子、进门开柜子、走近问身子、坐下问孩子的"六个环节"工作法，动态掌握每家每户"两不愁三保障一达标"等情况。开发"一点到户"大数据平台，设置七大板块402项指标，通过干部走访实现数据定期更新。

（三）提升"两力两感"

聚焦提升群众"致富能力、内生动力"和"获得感、幸福感"，深入开展"两回两讲两解""两抓两树"，实施乡、村两级书记示范走访和驻村帮扶

驻草堂镇中梁村工作队入户走访群众

大比武，激发群众主观能动性。2018年以来，724名领导干部回乡回访6 918人次，召开宣讲会4 684场次，引领3 500余户贫困群众脱贫致富。乘势而上，开展"听党话、感党恩、跟党走"活动，群众获得感、幸福感大幅提升。

二、教师家访"扶智"，给每个孩子公平有质量的教育

奉节县教师坚持用情怀立身，着力推动教育均衡发展，把优质资源向农村倾斜，不让一个学生因贫困而辍学失学。

（一）抓好"三送一帮"

奉节县组织教师每月"送育上门"，全县8 300余名教师和1.95万名贫困学生"结对子"，稳定实现"零辍学"目标；定期"送爱上门"，组织教师为3.2万名留守学生和孤儿当好"临时家长"，开展心理辅导，鼓励自信自强；每周"送教上门"，组织96支教师队伍创建"移动学校"，让291名义务教育阶段重度残疾、生活无法自理的孩子在家平等享受教育；成立"放学加油站"，开展作业辅导、兴趣培训等个性化帮扶，确保学生晚走可留校、留校有陪伴。

（二）开展"三讲一听"

教师入户家访期间，讲学生表现，让教师与家长相互了解孩子成长，当好教育的贴心人；讲资助政策，让家长熟知孩子享受教育资助情况，做好政策的明白人；讲家庭教育，给家长传授教育技巧和经验，当好孩子的引路人；听取意见与建议，针对性地改进教育方式与方法，促进孩子成人成才。2020年，奉节县全覆盖家访13.2万名学生，撰写规范化家访记录13万余份，建立家访专项台账1 000余卷，收集家访典型案例1 300余个，收集意见500余条。

（三）实行"三进一保"

邀请家长进学堂，协助学校日常管理，为教育发展出谋划策；邀请家长进课堂，组织"家长授课""随堂听课"，促进教育质量提升；邀请家长进食堂，建立"家长值日"制，参加义工活动，监督学生餐饮质量；保障从幼儿园到大学的"三免一补"教育资助体系全面落实。2020年，奉节县累计落实资助资金1.22亿元，资助9.47万人次，实现贫困学生无一遗漏。

平安小学教师在家访中辅导学生学习

三、医生巡访"扶弱"，让群众小病少跑路，大病少花钱

奉节县着力统筹全县医疗资源，引导鼓励全县医生坚持以仁心济困，让医生走到院坝去、把健康送到家门口，让群众小病少跑路、大病少花钱。

（一）开展"四诊联动"

实行乡村医生常态送诊、乡镇医生定期问诊、县级医生集中义诊、市县专家及时会诊的"四诊联动"模式。668名村医常态"送诊"，对小病小患及时上门服务，对慢病患者定期关怀关心；县级医院专家和33个乡镇（街道）卫生院到院坝集中"义诊"1.6万场次，宣传医疗救助政策，免费开展健康体检，引导健康生活习惯；市、县、乡、村四级共2 848名医务人员组建巡访队伍339支，深入全县390个村（社区）签约29万余人，巡访服务90万余人次，实现到村巡访全覆盖。

（二）强化"六重保障"

叠加居民医保、大病补充险、民政救助、健康扶贫基金、精准脱贫保险和县级医疗救助6项政策，对经市级平台结算后自付费用超过10%的部分二次救助，对患恶性肿瘤、再生障碍贫血等10类不宜或不便长期住院的贫困患

家庭医生上门巡访

者按100～300元/（人·月）补助。2017年以来，全县共投入医疗救助专项资金1.56亿元，累计救助14.08万人次，救助后患者平均自付比例仅8.26%，因病致贫风险大大降低。

（三）探索"一体互联"

按照优势互补、资源优化、公平竞争的原则组建医共体，以县人民医院、县中医院为牵头单位，基层医疗卫生机构为成员单位，形成两大医疗集团，实行集团化管理。与阿里健康、西南医院等机构深度合作，搭建网络医院平台，群众在村卫生室就可以享受三甲医院医生的诊疗，近三年累计为11 138人次提供远程诊疗服务，做到了小病不出村、大病县里看、重症连市里。

四、农技随访"扶技"，增强"造血"功能拔穷根

奉节县农技人员坚持凭实绩说话，大力开展农技随访，在"授之以鱼"的同时更"授之以渔"，指导农民种什么、怎么种、如何卖出好价钱。

（一）专家团包片

奉节县与西南大学、中国农科院等机构携手组建11个专家团，建立健全

粮油产业专家团随访甲高红龙社区水稻种植基地

"首席顾问+首席专家+岗位专家+基地"的工作模式。围绕产业布局开展分片分类指导，在低山带发展脐橙37万亩，中山带发展油橄榄13.5万亩、小水果15万亩，高山带发展中药材16.9万亩、有机蔬菜30.8万亩、蚕桑11万亩、烟叶3.5万亩，改变了"守着绿水青山苦熬，抱着金山银山受穷"的局面，全县农业增加值实现增速连续4年领跑重庆市。

（二）技术队包村

奉节县统筹全县农业、科技等行业资源，为376个涉农村（社区）各选配1名专业技术人员定点包村服务；1 000名"土专家"组建技术服务队伍，在田间地头面对面讲解、手把手示范。借力资源变资产、资金变股金、农民变股东"三变"改革，培育小规模、多品种、高品质、好价钱的现代山地特色高效农业体系。2020年，奉节县创新推出"农技随访"微视频、直播随访，精心编制产业技术要点17项，有效破解疫情影响难题；顺应农时农事开展培训561场，受训群众达3.1万余人次，上门指导4.5万余户，发放实用技术手册8万余份，随访农业经营主体和种养大户700余家。

（三）经纪人包销

奉节县引进和培育农民经纪人，深化订单定向、协会协同、线上线下三大包销模式，促进产业变产品、产品变商品、商品变精品，让好产品打开好销路、卖出好价钱、获得好口碑。全县实现集体经济100%覆盖建制村、主导产业100%覆盖贫困村、增收项目100%覆盖贫困户、利益联结100%覆盖贫困户。2018年以来，全县农特产品上行超过28.45亿元，累计带动1.93万户贫困户增收致富。

甘肃省张掖市高台县
"四级七天"工作法化解基层矛盾纠纷

编者按：高台县探索加强乡村法治建设的路径模式，将矛盾纠纷在社、村、所、镇四个层级上限时调解，建立健全排查、联动、包案和奖惩四项机制，形成了"四级七天"调解工作法，夯实了工作基础，提高了矛盾纠纷化解的及时性、有效性、规范性，构建了以乡村为主、依靠群众、依靠基层、就地化解矛盾纠纷的工作格局，为乡村善治提供有力保障。

甘肃省张掖市高台县地处河西走廊中部，黑河中游下段。辖9个镇、9个社区、136个行政村、1 005个村民小组，总人口15.93万人。随着全县农村经济社会持续快速发展，农村矛盾纠纷日益复杂化和多元化，严重制约县域经济社会发展。2013年，高台县黑泉乡在实践中探索形成了矛盾纠纷"四级七天"调解工作法，有效激发了人民调解员和民间组织化解矛盾纠纷的积极性，融合人民调解、司法调解和行政调解为一体，构建了一个以乡村为主，依靠群众、依靠基层、就地化解矛盾纠纷的工作格局，2020年的矛盾纠纷化解率达到99.3%。

一、明确层级时限，纠纷及时调解

近年来，高台县在推进乡村治理的过程中，各镇、村逐步形成了以镇人民调解委员会为主导，村人民调解委员会为基础，行业调委会、个人调解室和调解小组为支撑的人民调解组织网络，对排查出的各类矛盾纠纷实施逐级限时调解。**第一级，人民调解员和解**。由村民海选、镇聘请的社区人民调解员对排查出的矛盾纠纷在1个工作日内进行首次调解，调解成功的结案上报，调解不成功的上报村调解委员会。**第二级，村委会劝解**。在镇包村干部的指导下，以村调解委员会为主，对上报的矛盾纠纷在2个工作日内进行第二次调解，调解不成功的以矛盾纠纷移交表、民情报告单的形式及时上报镇司法所。**第三级，司法调解**。由镇司法所和包村干部对上报的矛盾纠纷在2个工作日内进行第3次调解，经过调解仍然不成功的由镇司法所上报镇综治中心。**第四级，镇政府化解**。由镇综治中心召开专门会议对上报的矛盾纠纷进行专题研究，制订可行调解方案，组成由镇领导、相关职能单位和人员共同参与的矛盾纠纷化解小组，整合资源和力量调解，或实行"一庭三所"联动（基层人民法庭、派出所、司法所、法律服务所）、"情理法诉"等多元调解模式，在2个工作日内对矛盾纠纷进行集中有效化解。

调解人员到田间地头调查并调解矛盾纠纷

二、落实四项机制，规范运行体系

高台县通过建立四项机制，有效激发民间组织和人民调解员化解矛盾纠纷的积极性，融合人民调解、司法调解和行政调解为一体，构建了以乡村为主、依靠群众、依靠基层、就地化解矛盾纠纷的工作格局。

（一）建立排查报告机制

充分利用已有的三级网格化治理体系，发动全县1 155名网格员和5 000名联户长参与排查预判，发挥他们熟悉社情民意的优势，配合镇、村、社三级干部每周集中排查一次网格内的矛盾纠纷，对排查出的矛盾纠纷及时调解，调解不成功的，填写"两表一单"（登记表、报告表、民情报告单）逐级上报交办。借力"互联网+"，提高纠纷上报效率。

（二）建立联动调解机制

一般矛盾纠纷由村调解委员会和社区人民调解员进行调解，充分发挥"一约三会"和"五老人员"的作用。重大矛盾纠纷由镇综治中心联合司法与人民调解员合力调解。久调不决的矛盾纠纷通过"一庭三所"联动方式调处，实行矛盾纠纷联查、联调、联处，定期召开联席会议互通信息。2017年以来，全县"三调联动"调处案件376件。

新坝镇暖泉村人民调解员调处债务纠纷

（三）建立包案调处机制

从镇到村，将每起纠纷调处责任落实到人，村干部、党小组长、网格员、联户长积极参与，做到"四定""三包"，即：定牵头领导、定责任单位、定责任人、定办结时限，包调处、包跟踪、包反馈。确保事事有人管、件件有回音，矛盾纠纷有机化解，群众权益有效保障。

（四）建立工作奖惩机制

高台县落实矛盾纠纷调解责任制，制定《高台县矛盾纠纷"四级七天"调解工作法考核办法（试行）》，每年对社区人民调解员、村人民调解委员会、司法所、镇综治中心四级责任主体进行考核，实行月考评与年度考核相结合的办法，严格兑现奖惩。对未经调处擅自向上移交的和调解不力的采取通报批评、扣除责任书相应的分值，对优秀调解员给予表彰奖励。通过严格奖惩，化解效率有效提升。

人民调解员参加专题培训

三、加强基础保障，夯实治理根基

在推进"四级七天"调解工作法中，高台县着重筑牢乡村治理根基，培养乡村纠纷调处中坚力量，打造群众说事、干部解题平台，确保矛盾化解有力度、有温度。

（一）建强调解队伍，提升调解质效

高台县经过多年的实践探索，人民调解员的选任更加科学合理，由"海

选"发展为"选举+推荐"方式，同时结合村"两委"换届，选出公道正派、擅长调解和有社会威望的"两委员一代表"、乡村能人、"五老人员"等担任，全县共聘任人民调解员1 387人。通过建立和完善人民调解员学习培训、经费保障制度和案件评查考核等制度，增强了人民调解员的调解能力和水平。组织开展人民调解员专题培训24场次，培训各级调解员4 500多人次。落实调解工作经费60.14万元，对非公职调解员调解发放个案补贴经费53.14万元，极大调动了人民调解员化解矛盾纠纷的积极性，有效激发矛盾纠纷调处的内生动力。

（二）加强平台建设，增强服务功能

高台县配套建成县矛盾纠纷多元化调处中心1个，镇矛盾纠纷多元化调处中心9个，村调委会136个，行业调委会21个，个人调解室3个，下设调解小组1 007个。建立"网络调解室"和"家事法庭"等现代化调处平台。深入推进"雪亮工程"建设，整合架设城乡公共安全视频监控1 459路，配备"综治E通"手持终端963部。2019年，高台县打造了全县首个以个人命名的调解室——周成调解工作室，自"四级七天"调解法推行以来，共调处

巷道镇东联村开展法律知识宣传活动

161

矛盾纠纷439起，矛盾纠纷化解率同比提高20%。

（三）开展法治教育，营造良好氛围

通过专题讲座、法治文艺节目、举案说法和发放宣传单等形式大力开展普法教育。各村建有法治文化长廊，制作法治宣传栏，内容各具特色，包含普法"三字经""劝赌歌"、法治宣传画等内容，给农户发放普法书籍，把普法触角延伸到了家家户户。同时，打造"4+X"新媒体普法平台，即网站、微信、微博、短信+各类手机App普法资源，让群众在潜移默化中接受法治熏陶，树立法治意识。

青海省海南藏族自治州贵南县

做细落实村规民约　夯实完善村民自治

编者按：为加强村民自治体系建设，贵南县充分发挥村规民约在村民自治中的作用，通过制定村规、与农牧户签订责任书、村民自行承诺约定，引导村民共同订立、遵守村规民约，依法依规参与本村事务管理，达到村民自我管理、自我教育、自我服务、自我约束的目标。

贵南县位于青海省海南藏族自治州南部，面积6 649.7平方公里，境内平均海拔3 100米，辖3个镇、3个乡、75个行政村、9个社区，总人口8.12万人，有藏、汉、回等12个民族，其中藏族人口占总人口的78%。受山大沟深的地域环境影响，贵南县经济发展落后，特别是有的农村地区群众思想守旧，城乡卫生差，交通失管、赌博、酗酒、偷盗、高价彩礼等现象一度较为普遍。为改变这一局面，贵南县按照"村民制定、村民签字、村民承诺、村民执行"原则，做细、落实村规民约，夯实、完善村民自治，把村级事务管理纳入村规，把村民承诺、规范村民行为纳入民约，通过签订责任书、村民承诺约定，实现了从单维度平安建设到全方位村民自我管理的转变。

一、结合实际，修改完善村规民约

（一）依法依规，尊重民俗，全面梳理完善

根据党的方针政策和国家法律法规，结合本村实际，从维护社会秩序与公共道德、尊重村风民俗、推进精神文明建设等方面，修订完善村规民约，

约束规范村民行为。对与国家法律法规和政策规定冲突，以及与新时代不相适应的条款，通过召开村民大会删除；对未按规定程序制定的，责成村民委员会按照规定程序重新修订；对不符合群众意愿、不利于推动村庄发展的条款作出修订；对群众拥护需要、有利于促进村庄发展的条款，召开村民大会进行补充和完善。比如森多镇的村规民约经过修改，分为总则、细则、评审考核3部分，突出了反分裂斗争、网络言行规范、安定团结、遵纪守法等27项内容，涵盖农村牧区事务管理的方方面面，形成了乡村自治体系一揽子方案，提升了村级自治能力，达到了自治效果。

（二）严格程序，尊重民情民意

村规民约的完善修改，采取"四上四下修改、左右联动会审、群众赞同、村民大会通过"的方式。由村"两委"班子牵头，第一次由村里组织群众讨论进行修改；第二次是组织老党员、老村干部、德高望重老村民等代表进行修改；第三次是邀请村里文化程度较高的村民、驻村第一书记、乡镇驻村干部进行修改；第四次是聘请有关法律和专业人士进行修改，上门征求村民意见建议，进一步修改完善。由村、乡镇、县乡村治理办公室逐级会审，法律顾问团进行合法性审查，全体村民大会表决通过，做到征求群众意

全县第一次乡村治理试点推进会召开

见全覆盖、村民签字全覆盖，签订群众承诺责任书全覆盖，真正使修改和完善过程成为充分听取群众意见、尊重民情民意、发动群众参与和群防群治的过程。

（三）突出"一村一特点"，防止千篇一律

修订过程中，梳理不同村庄曾经出现的问题，以及乡村治理中的倾向性、矛头性问题，彰显"一村一特点"，真正将村规民约修订成村民自己的"小宪法"、村民共同认可的公约、村民实施自治的基本依据，发挥其在村级治理中的务实管用作用。例如，塔秀乡聚焦治理婚丧事大操大办问题，统一规定彩礼不超过5 000元，女方陪嫁由原来的50头牛或100只羊，控制到现在的5头牛或15只羊以内，费用压缩到原来的近1/10，仅2020年在婚丧中节约的资金折现就达241.56万元。

二、组织集中启动，突出宣传发动

2020年10—11月，全县75个行政村相继开展了新修订村规民约启动仪式，隆重举行升国旗仪式，党员重温入党誓词，邀请专家学者解读村规民约，群众代表表态发言，每家每户现场签订履行村规民约承诺书。

此外，各村召开村民代表会、村民大会、现场观摩推进会，发动群众参与。各地涌现出诸多接地气、入人心、有效果的宣传方式，如悬挂横幅、编排顺口溜、编唱民谚民歌等。同时，充分利用广播电视、网络融媒体等渠道开辟专栏，广泛开展宣传动员。

三、配套执行制度，强化考核奖励

为强化执行力，各村制定了村规民约积分制管理办法。积分制管理办法实行分类计分，分值设置分为日常行为积分和年度评议积分两部分，日常行为积分与评议积分按7∶3的比例加权确定。按照《贵南县各乡村规民约日常行为积分细则》进行汇总计分，经由村"两委"会议讨论通过和报村委会备案，并在本村宣传栏公示后，作为农牧户日常行为积分。

评议积分需在乡包片领导参与指导以及群众代表的全程监督下进行统计，并在村宣传栏公示后报村委会备案，才可作为农牧户评议积分。公示时间不少于7天，农牧户有异议的，可向村委会反映，村委会应及时调查原因并向农牧户反馈调查结果，农牧户满意后向村委会提交情况说明备案。各村将严格按照实际情况，有理有据进行积分惩奖，遵照积分准则，在每个积分周期结束后进行公示，出村监督委员会监督，切实做到公开、公平、公正。

各村建立健全相配套的监督和考核奖惩机制，加强村"两委"班子成员、村务监督委员会成员和村里德高望重、办事公道的老党员、老干部、群众代表的力量，并动员党代表、人大代表、政协委员开展全方位、多层次的监督。设立奖励基金，制定履约金等考核奖惩制度，每季度汇总通报、在红黄榜上公布。年终奖优惩劣，对村规民约执行好、积分高的家庭给予适当奖励；对违反村规民约条款、积分低的家庭进行说服教育，引导互帮互助和感化，或者进行相应处罚。茫曲镇、过马营镇在修改和完善村规民约的基础上，新制定了积分制管理办法，保证村规民约有效实施。塔秀乡、沙沟乡突出村级实际，新制近"义务工管理办法"，更加贴近村级实际，增强了执行效果。

第四部分

保障民生服务，提升治理能力

北京市怀柔区
足不出村办政务　便民服务"零距离"

编者按： 有效解决政务服务"最后一公里"问题是坚持和贯彻以人民为中心发展思想、提升乡村治理效能的重要体现。近年来，怀柔区以北京市"放管服"改革为契机，依托区、镇街、村三级政务服务体系，创新提出"足不出村"办政务服务，通过代办、网办等形式，为群众提供"一站式办理"服务。

怀柔区位于北京东北部，总面积2 122.8平方公里，其中山区面积占89%，全区常住人口42.1万人。受自然条件限制，村庄距离镇级政务服务中心都比较远，农民经常为一件事跑几次路，有的还不会用电脑、不会填写表格，难以获得有效服务。2018年12月，怀柔区以北京市"放管服"改革为契机，创新提出"足不出村"办政务改革，打造了覆盖全区16个镇（街）、318个村（社区）的代办队伍，推出101个高频可义务代办事项，实现了权限下放、窗口前移、服务下沉，打通了政务服务"最后一公里"，提升了村公共服务效能。

一、坚持试点先行，推进政务服务清单制新模式

为扎实推进"足不出村办政务"改革，怀柔区成立了事项专项审核工作小组，由区审改办、政务服务局牵头抓总。试点以"允许代办是常态、不能代办是特例"为原则，选择平原、半山区、山区不同类型的镇村开展。重点是围绕社保、民政、残联、农机等民生事项，对农村居民办事情况进行分

怀柔区"足不出村"办政务宣传折页

类摸底，全面调查、梳理分析有关部门要求农村居民亲自办理和允许代办的事项，并列出清单。多次组织一线工作人员、镇街和事项主管部门业务负责人召开工作会，找出不能代办的原因；组织专业律师、业务部门负责人、乡镇主管领导召开研讨会，从民事权利的委托、授权、代理角度破解"需本人签字"的难题，由权利人出具书面委托，村集体组织负责人签字证明即可代办。逐一确定农民"足不出村"办事清单，区政府召开会议确定后对外发布实施，实现社保、民政、残联、农机等101个事项"足不出村"即可办理。

二、加强体系建设，构建政务服务全覆盖新格局

怀柔区抓住全市大力推进"放管服"改革机遇，坚持"顶层推动＋基层创新"模式，率先在全市完成区、镇（街道）、村（居）三级"一窗"打造，由区级部门牵头抓总，基层镇街结合实际动态开展服务，推动改革工作见实见效。区级建立"1+6"政务服务体系，"1"即区级政务中心行政审批大厅，实现进驻区级政务中心的39家行政审批部门和3家涉企服务单位的1 540个事项"综窗"受理；"6"即人保、医保、公安、税务、不动产和民政6个区

级政务服务分中心，可办理311个政务服务事项，实现区级事项100%进驻区级中心和分中心。16个街镇政务中心共59个窗口，可办理1 404个政务服务事项。全区318个村（社区）政务服务站，每个都设置1个综合窗口，可受理村居级101项政务服务事项。同时，通过政府指导、企业运营、村集体参与的方式，利用村级政务服务站场地，整合资源，搭载功能，探索推广了"政务＋村务＋商务"村事服务站，一站式解决了银行取款、邮寄购物、预约挂号、农副产品销售等问题，实现"单一式服务"向"综合式服务"转变。

镇级服务中心业务办理服务台和投诉台

三、建立服务队伍，组建政务服务网格化新力量

区级政务服务中心和9家平原镇街通过政府购买服务的方式，从社会上招聘服务人员，经过统一培训后提供"综窗"服务。7家山区镇级政务服务中心利用现有的专业人员队伍，抽调公务员骨干力量开展工作。村级政务服务站统筹整合养老助残员、计生专干等8类协管员和辅助人员作为村级代办员，负责代办村民事务，并择优确定1名文化素质高、操作电脑熟练的人作为网办员。目前，全区三级服务队伍共有1 508名代办员和896名网办员，构建了上下贯通的三级政务服务队伍。着力在能力提升上下功夫，区、镇级先后组织235场、2.68万余人次的业务培训，提升能力素质，打造一专多能的

服务队伍。同时，进一步丰富村级代办服务方式，全方位服务老、弱、病、残等特殊弱势群体，可通过电话邀约、上门服务等方式，满足村民代办需求，并努力做到全天候应需应急办理村民的事务，实现24小时"不打烊"。

帮助服务对象线上办理业务　　　　　　　　帮助服务对象复印材料

四、固化接力流程，创新政务服务程序化新形式

依托全区政务服务三级体系，创新"三棒接力"办事流程新模式，力促村民"足不出村"高效运行。**"第一棒"**是村级政务服务站代办员在做好代办信息采集、材料整理、提交申请的基础上，为村民提供全程无偿代办服务，完成由村跑镇的交接。**"第二棒"**是镇（街道）政务服务中心办事员快速处理村级代办员报至镇（街道）的申请，并负责代替跑办需要到区级政务服务中心或分中心办理的事项。**"第三棒"**是区级政务服务中心或分中心窗口人员对能够即时办的事项"即接即办"，承诺事项压缩时限办。办结后第一时间联系"第二棒"办事员，及时现场取件或邮件送达。这种互动接力式办理的服务模式，实现了由多次跑变为一次办、由群众跑变为干部跑、由等候办变为承诺办。

五、强化机制建设，提升政务服务规范化新水平

建立例外事项特批机制。各审批部门、各乡（镇、街道）对不能实施代

办的事项提出书面申请，"足不出村"事项专项审核工作小组审定批准后可列为例外事项。**建立代办承诺机制。**代办业务的办理严格按照国家法律法规和有关规定及各类业务办理规程操作，向群众提供服务指南，公开办理程序，在规定或承诺的时限内办理完毕。**建立容缺后补机制。**所办事项如具备关键要件，个别要件因特殊原因不能及时提交的，窗口可先行受理，办事人在完成审批前补齐、补止材料，可按常规获得办理结果。**建立第三方暗访检查机制。**聘请第三方进行监督，对办理情况、服务规范、服务评价等方面进行抽查和暗访，确保"足不出村"办政务工作落在实处，延伸至每村每户。**建立区级督查考核机制。**将此项工作作为重点改革任务列入区政府"折子工程"，纳入政府绩效考核。区政府对此项工作开展专项督查，推进"足不出村"办政务落实落地。

六、推进部门协同，实现群众"足不出村"办政务

实现从"各自办"到"综合办"的转变。倒逼部门衔接管理制度、整合办事流程，让部门的"串联"变成"并联"，推进部门协同作战、集成服务、清晰标准，优化"一窗"设置，压缩办事时限。尤其是"主题办事"模式，从办事人角度梳理全部办事流程，把各部门的事务全部并联起来，一次告知办事人所需办理材料，打包形成一气呵成的"主题办事"效果。

实现从"随意办"到"规范办"的转变。加强村级代办队伍的管理和培训，健全工作机制，规范办事流程，变专业员为综合代办员，提升了村庄自我服务、自我治理的能力，使政务改革延伸至平原、山区的农村领域，促进农村基层社会治理良性运转。

实现从"出村办"到"在村办"的转变。通过全程帮、上门办、定时取、网上传、预约邮等工作方式，实现了"群众跑路"到"代办替跑"的转变。改革后，喇叭沟门满族乡帽山村的村民办理"社保卡补换卡"，只要到村政务服务站的综合受理窗口交齐材料，就可以等待领取新卡，拿卡时间从15天减少到4天，交通路程往返减少26公里。改革以来，代办员共办理各类事项40.6万余件，村民少跑132.8万多公里。

辽宁省抚顺市新宾县
"三向培养"强化治理人才支撑

编者按：为解决乡村缺人才、缺技术、干部素质有待提升等问题，新宾县深化实施新时代"三向培养"工程，把致富能手培养成党员，把党员培养成致富能手，把党员致富能手培养成村干部，进一步强化了乡村人才储备，提高了乡村干部的综合素质，为推进乡村治理提供了人才支撑。

新宾县地处辽宁省抚顺市东部山区，辖15个乡（镇）、181个行政村，总人口22万人，党员1.7万余人，其中农村党员8 200余人。为解决乡村缺人才的难题，2019年年初，新宾县在长期探索的基础上，深化实施新时代"三向培养"工程，即"把致富能手培养成党员、把党员培养成致富能手、把党员致富能手培养成村干部"。两年多以来，全县新时代"三向培养"对象达1 244人，发展致富产业1 244个，解决就业岗位3 769个。在新一届村"两委"成员中，有新时代"三向培养"对象804人，占83%。

一、精心谋划部署，把选拔高质量"三向培养"对象摆在突出位置

（一）强化组织，全面部署

将新时代"三向培养"工程写进全县委工作报告，纳入县委常委会重要议事日程，与巩固脱贫攻坚成果和推进乡村振兴同研究、同部署，相互结合、相互促进。成立新时代"三向培养"工程领导小组，县委书记担任组

长，靠前指挥、统一调度，领导小组成员单位各司其职、形成合力。

（二）划分阶段、梯次推进

新宾县县委按照从低到高的培养目标，将新时代"三向培养"工程划分为初级、中级、高级3个培养阶段。其中，**初级阶段**即将致富能手培养成党员、党员培养成致富能手、党员致富能手培养成村干部；**中级阶段**即培养成村书记、村主任或产业带头人；**高级阶段**即进一步培养成乡村振兴领军人物。制订《新时代"三向培养"工程阶梯培养流程》，明确新时代"三向培养"对象选拔条件、程序和标准，建立"联系一批、选拔一批、巩固一批、提升一批、淘汰一批"的长效机制。

在抓"三项培养"工作中重点发展特色产业

（三）包村到人，强化督导

将新时代"三向培养"工程纳入乡村两级基层党建重点任务和实绩考核内容，作为基层班子及成员评先创优、提拔使用的重要依据。各乡镇党委建立包村到人机制，履行对村党组织推荐选拔"三向培养"对象的督导责任，落实联系帮扶工作要求，对擅自简化程序、降低选拔标准的一律推翻重来。对经研判后确实不适合继续培养的一律及时淘汰，严把"三向培养"对象入口关、质量关，推动形成严密的领导体系和组织体系。截至目前，全县新时代"三向培养"对象队伍逐步发展到1 244人，其中初级培养对象953人，中级培养对象265人，高级培养对象26人。长期外出、年龄偏大、不积极参加学习培训的51人被淘汰。

二、破解困境，做好"三向培养"工程"前半篇"文章

农村青壮年劳动力和党员是新时代"三向培养"工程的主要培养对象，但这些人大部分在外务工或经商，导致对象人选数量不足。为此，新宾县开展"雁归巢"行动，激励引导这些"走出去"的青壮年劳动力和党员返乡创业，做好"三向培养"工程"前半篇"文章。

（一）全面调查摸底

建立农村外出务工人员数据库。了解农村外出人员身份类别、文化程度、政治面貌、家庭状况、工作现状、技能特长、创业意向等基本情况，为引导农村外出人员返乡创业奠定基础。目前，全县已建立农村外出务工人员数据库，共记录3 308人的基本情况。

（二）分类管理跟踪

安排各乡镇党委书记和班子成员通过拨打电话、上门走访等方式，与外出人员建立联系，掌握重点对象的思想状态、工作动向、创业打算等情况，按照确定返乡创业、有意向返乡创业、未明确态度、无返乡创业打算等不同类型，建立分类管理台账，将在外地已经有产业基础、具备能力、返乡意愿浓厚或返乡创业需要政策支持的人员作为重点"回引"对象，提高回引工作的针对性和实效性。目前筛选重点"回引"对象299人，其中有132人返乡创业，经考察，73人被纳为新时代"三向培养"对象。

（三）加强宣传引导

采取实地探访、电话交流、微信互动、返乡座谈、典型引路等多种方式，主动、经常、灵活地与外出务工人员保持联系；通过"老人说""亲属说"，帮忙算算"经济账""亲情账"，引导农村外出人员树立"归根"意识和回报意识；制作"归雁圆梦"系列宣传片3期，宣传家乡发展变化、特色项目前

景、创业扶持政策等，营造良好舆论导向，激励引导外出务工人员返乡创业。

（四）厚植创业土壤

优先帮助符合条件的"雁归巢"人员协调惠农贷和创业贴息贷款等金融政策，帮助协调解决用地、用水、用电问题；针对有条件、无项目的"雁归巢"人员，依托现有特色产业项目和创业典型，筹建"雁归巢"创业孵化基地，发挥先进典型"传帮带"作用，助力其创业"开好局、起好步"。

依托苇子峪镇菇满香香菇种植专业合作社筹建返乡创业的孵化基地

三、精准滴灌，加大"三向培养"对象教育扶持力度

新宾县县委坚持把抓培训、抓资金、抓帮扶、抓典型贯穿"三向培养"工作始终。采取县内培训和县外培训相结合、举办共性班和特长班相结合、专题讲座和实地考察相结合等方式，县、乡两级累计开展教育培训95场次、1 659人次，带领外出考察86次、779人次。整合政策性扶持资金，协调"惠农贷"、创业贴息贷款及各类扶持资金4 300余万元，帮助选定致富项目117个，协调用地1 245亩。坚持"被帮者能借上力，帮扶者能使上劲"的原则，实行各级干部与培养对象"一对一"结对帮扶制度，通过"主动上门""一站式代办"等，在项目孵化、政策咨询、融资对接、法律援助等方面提供帮助，解决实际问题361件，开展技术服务和购销服务553次。持续发挥典型引路作用，目前，打造新时代"三向培养"对象示范线路4条，选树先进典型19人，通过线下拉练座谈、线上宣传推广，传递先进典型发展经验和实用

信息，激励更多新时代"三向培养"对象坚定发展信心，增强荣誉感，达到"抓好一个、带动一片"的良好效果。

四、深入实施，加强人才队伍建设提升治理能力

本着积极引导、规范管理、跟踪考核的原则，组织各村党组织根据新时代"三向培养"对象的优势、长处、能力和特点，开展设岗定责锻炼，参与服务群众先锋路、脱贫攻坚、生活垃圾分类及资源化利用、处理矛盾纠纷等农村中心工作，鼓励部分产业规模大、辐射带动作用强的新时代"三向培养"对象领办农村专业合作社、家庭农场等经济组织，整合各方面力量进行接续培养，在实践中锻炼和考察他们的政治素质、"双带"能力和参与村级事务管理的能力。目前，已把致富能手培养成党员84人，占2019年以来全县农村发展党员总数的36%，把党员培养成致富能手的有186人。上夹河镇腰站村新时代"三向培养"对象吴宝刚，通过发展紫香糯玉米种植、加工产业，解决120个村民就业问题，其中大部分是贫困户、五保户等弱势群体，人均月工资3 500元。榆树乡蔡家村新时代"三向培养"对象蔡振平，牵头成立了"振平香菇合作社"，带领144户成员将产业发展到200多亩，带动村集体和村民稳步增收。

榆树乡蔡家村培养对象成立富强合作社

上海市闵行区梅陇镇永联村
推动乡村服务升级产业振兴
构建共建共治共享新格局

编者按： 永联村作为上海近郊城中村的典型代表，从创新"村级物业"新服务、创设"民宅回租"新模式、构建"共建共治共享"新格局着手，以创建美丽乡村为方向，以满足村民诉求为目的，全力破解超大城市中的近郊农村外来人口无序导入、基层社会治理成本高等难题，打通乡村治理"最后一公里"。

永联村地处上海市闵行区梅陇镇中东部，村域面积1.93平方公里，宅基总户数198户，常住人口5 599人，其中本地村民与外来人口比例约为1∶6，人口倒挂明显，群体结构复杂、利益诉求多元。为打通乡村治理"毛细血管"，永联村从创新"村级物业"新服务、创设"民宅回租"新模式、构建"共建共治共享"新格局着手，解决人民群众最盼、最忧的突出问题，补齐民生短板，促进公共服务均等化，赋能乡村治理。

一、创新"村级物业"新服务，夯实自治根基

（一）顶层设计，建强"党建链"

为巩固"美丽乡村"建设成效、健全乡村治理体系，积极引导村民参与"美丽乡村"长效管理，永联村发挥部分农村富余劳动力的作用，吸引他们就地就业，成立了由本村村民参与的村属物业公司，既解决部分村民的就业问

题，又方便对"美丽乡村"进行规范化、精细化的物业管理，构建起以永联村党总支为核心，物业、村民共同参与的"三位一体"乡村治理红色堡垒，依托考核监督机制，在农村红色物业管理领域彰显党建特色，建强"党建链"。

永闵物业有限公司服务宗旨"便民、解忧、纾困"

（二）完善规章，接好"保障链"

村级物业公司以吴介巷为试点，探索健全**"十八项"**管理制度，包括村庄环境维护、污水处理运维、网格化管理、外来人口管理、民房出租管理、公共服务设施管护等；设置**"八个有"**服务标准，明确治安有防范、公共有保洁、秩序有维护、车辆有管理、设施有维护、绿化有养护、道路有保养、维修有服务；提供**"四个全"**管理服务，实现全封闭小区化管理、全覆盖视频监控、全天候安保执勤、全时段服务热线，不断做大做强"服务链"，实现了"封闭管理、环境改善、服务到位、制度健全、群众满意"的乡村智慧管理。

（三）发挥自治，塑造"人选链"

永联村坚持把群众参与贯穿物业管理工作全过程，聘用敢于创新、具有专业管理经验的本村村民担任物业公司负责人及物业党支部书记，选用本村村民当工作人员，先后成立保洁组、保安组、安全管理组、房屋管理组、后勤组、综合服务管理中心等，有效激发了村民参与乡村治理的内生动力，增强了村民群众的主体意识、建设意识与角色意识，进一步塑造乡村振兴"人选链"。

二、创设"民宅回租"新模式，推动乡村发展升级

（一）集中养老，迈出服务"率先一步"

永联村吴介巷被工业园区环绕，不少农户将闲置房间出租、获利。为破解外来人员无序聚集带来的治理问题，预防潜在的社会治安与群租管理风险，永联村主动跨前，将村民手中的闲置房屋整栋回租，通过"以房管人"，推动治理规范化、精细化。

经过前期排摸发现，不少农户以"1+N"模式出租房屋，1～2个本地老人与多个租户共同居住。为保障空巢老人的居住条件，满足其就近养老的诉求，更好地推进整栋回租，永联村回租了一栋条件较好的民房，严格按照上海市养老机构标准化要求，进行适老化改造，成功改建为全市第一家农村嵌入式养老院——"吴介巷长者照护之家"。积极引入专业医疗养老机构——同康医院，为住养老人提供24小时照顾护理、日间照料托养、一周一次的常规检查和一年两次的免费体检服务。探索"不离乡土、不离乡情"的专业化集中养老服务，是永联村为民解忧的具体表现，迈出了社会治理规范化的第一步。

永联村吴介巷长者照护之家老人晨练

（二）回租管理，走好治理"中间一段"

顺利解决养老问题后，物业公司以略高于市场标准的价格，将村民闲置农宅进行"统一回租，统一改造、统一出租"。增设必要的厨房、卫浴、安防、智能门锁等设施，实现"居住改善、减人提租、村企联动、挑人入住"新局面。并依托信息平台、格式

永联村回租房白领公寓

合同、负面清单、管理公约、考核奖励，进一步规范民房出租管理。创新"回租管理"，一是保障了村民稳定的租金收益；二是改善了全区工作人员的居住条件；三是解决了村内群租乱象、管理无序、村容环境等问题；四是形成了良性造血机制，资源内循环助推集体经济长效增收。通过打响"民宅回租"的招牌，永联村成功构建起"村民—租户—村集体—企业"多方共赢的格局。

（三）配套均等，跑完管理"最优一程"

在"回租再出租"的基础上，永联村积极探索"回租建配套"模式。将部分回租房建成了党群服务中心、司法调解室、老年活动室、便民超市、小菜场、洗衣房、热水房、便民理发店等一系列为民服务配套设施，让村民不出村就能满足基本生活需求，享受到更好的公共服务和一站式社区服务，解决了服务村民"最后一公里"的难题，实现了服务群众的"零距离"。

三、构建"共建共治共享"新格局，奏响和谐文明曲目

（一）畅通渠道，设立"乡村共建团"

永联村以创建学习型乡村为契机，组建多支村民学习团队，建设社区教育乡村学习点，精心设计课程，配强师资力量，拓展线上学习，建立学习团队活动制度，甄选学习团队带头人，开展定时、定点、定人的课程学习，并借助永联文化生态园，精心打造"文化广场+百姓大舞台"，搭建村民学习、展示的平台，让村民能在乡村找到自己的课桌。通过团队桥梁作用，了解村民需求，使村民了解政府各项工作，共同参与社区治理，维护美丽乡村建设成果，形成良性互动。同时，坚持党建引领，由经验丰富、责任心强、勇于担当、敢于创新的同志担任管理人员，搭好班子，配强队伍，建立健全村规民约、自治章程、管理公约，不断强化农村基层党组织领导核心地位。组织召开村民大会、村小组会，共商共议村宅治理问题，将满足群众需求放在首要位置，有效激发村民参与乡村治理的热情，不断增强凝聚力和战斗力。

小学生在永联村文化生态园进行"四史"学习活动

（二）探索机制，打造"社会共治圈"

进一步完善《永联村村规民约》《永联村村民自治公约》，充分发挥党员干部、志愿者的示范引领作用，组建一支由党员带头、村民参与的志愿者队伍，引导村民参与美丽乡村长效管理。物业公司在封闭式管理、"回租管理"的基础上，积极探索"村企合作、无人停车"智慧管理新模式，在社区封闭式管理《机动车停放管理及收费制度》的基础上，和企业合作，引进村宅无人值守停车系统，加以建设后投入运营，规范停车秩序，提升安全保障，建设智慧村宅。从早期的单纯以人力统计外来人口信息、管理外来人员，到以出租房屋为媒介管理外来人员，再到实行智慧停车，并以车为媒介，更全面地管理外来人员，实现了从"以人管人"到"以房管人"再到"以车管人"的三级进阶，全方位提升管理效能。

（三）优化服务，组建"全民共享群"

永联村通过农村人居环境整治和美丽乡村建设，变违法建筑群为村民的"后花园"，打造了一座占地面积约60亩的文化生态园，其中增设文化广场、大百姓舞台，给予老百姓活动空间，且定期组织观看露天电影及文艺演出，为村民提供了生态景观及休闲娱乐、文化熏陶的好去处。打造升级版永联党群综合服务中心，设立村干部开放式办公服务厅、邻里中心、文化客堂间、党史村史展示厅、党外知识分子联谊会活动室等，丰富村民精神文化生活，不断增强村民的获得感、幸福感和安全感。

江苏省常州市溧阳市
"五堂一站"创品牌　乡村善治有温度

编者按： 溧阳市扎实推进百姓议事堂、如意小食堂、文化小礼堂、幼童小学堂、道德讲堂和"心愿树"爱心工作站"五堂一站"建设，聚焦"微民生"工程，从保障农村弱势群体权益入手，切实回应群众期盼和需求，有效解决了农村社会组织发展不足、社会动员能力和社会资源有限等方面的问题，切实提升了乡村治理效能。

溧阳市地处苏浙皖三省交界，面积1 535平方公里，辖9个镇、3个街道，有173个行政村、54个社区居委会，总人口78.51万人。近年来，溧阳市始终坚持以人为本、民生优先，把保障和改善民生作为一切工作的出发点和落脚点，把治理体系和治理能力现代化的要求下沉到农村基层，针对村民协商议事难、养老就餐难、文化供给难、弱势群众关爱难等热点难点问题，系统推进百姓议事堂、如意小食堂、文化小礼堂、幼童小学堂、道德讲堂和"心愿树"爱心工作站"五堂一站"建设，统筹实施"微民生"工程，为农民群众提供个性化服务。

溧阳市竹箦镇西汤驿站"百姓议事堂"外景

溧阳市竹箦镇南旺村召开"百姓议事"会

一、创设百姓议事堂，完善基层自治机制

充分发挥村党组织"把握方向、总揽全局、协调各方"的领导作用，选聘村民信赖、在农村有一定威望的人士组成"百姓议事堂"，由村党支部书记担任议事堂联络员，负责组织、协调、记录等工作，并将法官、检察官、警官和律师"三官一律"资源同步下沉，采取"闻名声""解民忧""议村务""促新风"的方式，调处矛盾纠纷、收集社情民意、开展议事协商，营造文明乡风。推进百姓议事堂制度建设，建立规范的交流培训、工作记录、限时办结、跟踪反馈机制，实行民事民议、民事民办、民事民评，有效激发了村民自治活力。

目前，已建成市、镇、村三级百姓议事堂231家，设立理事3 508名，实现了三级网络全覆盖。2020年，精心打造和推广使用"智慧百姓议事堂"微信小程序，提供"菜单式""预约式""线上云"等服务，把百姓议事堂建到群众身边，将相关法规政策、理事等信息公开透明化，以"智治"推动村级百姓议事堂常态化、高水平运行。

戴埠镇新桥村"百姓议事堂"开展土地确权工作

二、建造如意小食堂，破解养老就餐难题

为切实解决老年人，特别是空巢老人的"吃饭难"问题，将如意小食堂建设列入民生实事工程，充分利用政府、集体闲置资产或新建场地，鼓励企业、社会团体、个人积极参与，通过政府购买服务等方式，为老年人提供助餐服务，创新"舌尖养老"模式。对于60岁以上的老人，每顿按8元的标准配菜，个人付6元，另外2元由政府补贴。

老人们在如意小食堂不仅可以享受到营养均衡的饭菜，饭后还可以聊天、打牌、休息。食堂还定期开展中秋送月饼、端午送粽子、重阳送糕点、爱心生日宴、爱心年夜饭等系列特色活动，让老人们感受到快乐、惬意和温暖。全市已建成如意小食堂25家，优质便利的助餐服务已覆盖老年人1.2万余名，基本实现乡镇全覆盖。

部分乡村充分利用如意小食堂，将其作为移风易俗、简办"红白事"的场所。从2019年起，如意小食堂成为全面推广"餐前十分钟"理论宣讲的阵地。"餐前十分钟"理论宣讲内容涵盖农村改革、民生保障、致富兴业、生态环保、文化服务等相关政策，有效拓展延伸了乡村治理的宣讲阵地。

溧城街道八字桥村"百姓议事堂"聘请律师共议村级事务

三、搭建文化小礼堂，充实百姓"精神粮仓"

将文化小礼堂建设作为推进农村精神文明建设、完善农村公共治理体系的重要举措。通过"文化惠民""文化乐民"，采取盘活存量、调整置换、集中利用等方式，与非遗传承基地、村史陈列室等特色场所相结合，全市建成星级文化小礼堂157个。小礼堂推出文体项目菜单式服务，实现群众文化需求和公共文化服务供给精准对接，打通了公共文化惠民"最后一公里"。在节目建设上，全市以村为单位组建广场舞、太极拳、功夫扇等1 000余支巾帼健身团队，同时将村规民约、廉政文化以及反对铺张浪费、婚丧大操大办等新时代文明新风融入各种文艺活动，常态化开展演练竞赛、文艺汇演，推动群众生活焕发新风貌。近年来，文化小礼堂举办"文化零距离"八大系列124项活动，"春到礼堂·福满家园"活动500多项，制订文化服务项目245项，极大地丰富了农村群众的精神文化生活。

四、举办道德讲堂，营造善治良好氛围

将道德讲堂作为推动社会主义核心价值观落细、落小、落实的重要载

体，以"爱、敬、诚、善"为主题，按照"唱歌曲、学模范、诵经典、发善心、送吉祥"5个环节，坚持"身边人讲身边事，身边人讲自己事，身边事教身边人"。大力挖掘和宣传身边发生的善行义举、好人好事，把"大主题"做成"小切口"，用"小故事"讲述"大道理"，着力打造时间短、空间小的"微道德讲堂"，吸引更多的群众参与其中。

同时，激活农村各类志愿力量，推动市镇两级党政机关、国有企事业单位、村"两委"在职党员带头宣讲，鼓励农村退休干部、退休教师、"百姓名嘴"、返乡创业人士、文化能人以及先进模范人物等积极参与，打造一支有活力、有战斗力的宣讲队伍。全国道德模范提名奖获得者杨建琴、全国"诚信之星"丁山华、"中国好人"缪小福等道德典型人物多次走进道德讲堂，讲述模范故事，感化身边群众。目前，全市建成各级各类道德讲堂426个，受众近8万人。

五、开设幼童小学堂，促进教育均衡发展

溧阳是建筑之乡，人员流动频繁，外来务工人员和农村留守儿童较多。为促进学前教育优质均衡发展，让每个孩子在家门口就能接受公平、高质量的教育，溧阳决定开设幼童小学堂。幼童小学堂按"1万左右常住人口设置1所"原则布局。近3年，市财政投入2.75亿元，新建、改建幼童小学堂72个。幼童小学堂采取集团化运营方式，完善师资力量配备，对经济困难家庭的子女每人每年资助3 000元。幼童小学堂还依托乡村复兴少年宫、文化服务中心等教育阵地，整合社会优质资源和公共服务平台，广泛开展"八礼四仪"教育、"童"字系列美育活动、劳动和社会实践教育等关爱农村留守儿童教育活动。幼童小学堂开设青少年能力素质训练营、父母微课堂、守护"星星的孩子"三大主题项目课程，在新媒体平台同步发布课程信息，方便学生、家长按需参加。

六、建立"心愿树"爱心工作站，共建助残帮困体系

建立"心愿树"爱心工作站，以"情感慈善"的创新理念补充和延伸政府及社会救助功能，用社会的不抛弃唤醒个体的不放弃，用完成心愿的方式让受助者有尊严地接受帮助。工作站建有严密的基层网络，每个村（社区）的爱心信息员以志愿者身份通过上门走访、网络调查等多种形式了解困难群众需求。开通线下、线上心愿递交申请渠道，并对心愿进行分类筛选、汇总、上报。工作站搭建爱心超市、作坊、服装店、食堂、书画室5个平台，与机关事业单位、企业、社会组织等结成爱心共建单位，提供生活物资、致富技能、文化活动等多种资源支持，为弱势群体提供量身定制的救助服务，打造"大年初一走亲戚""爱心承诺书""爱心生日档案""爱心年夜饭"四大志愿服务品牌，为困难群众提供物质和精神上的双重帮扶，完成困难群众的心愿。目前，"心愿树"实现全市12个镇（街道）全覆盖。"点亮心愿树，微爱满溧阳"已成为乡村治理中的一道美丽风景。工作站先后获得江苏省志愿服务金奖项目、江苏省"残疾人之家"等荣誉。

溧阳市"五堂一站"建设创新了乡村治理和民生服务机制模式，秉承"普惠化、均衡化、精准化"理念，实实在在地解决了民生难题，提升了幸福指数，赢得了百姓赞誉。

浙江省湖州市安吉县孝丰镇横溪坞村
"四个不出村" 推动乡村服务升级

编者按： 安吉县横溪坞村因地制宜，问计于民，以自治、法治、德治"三治融合"为路径，数字乡村为载体，发扬王昌年的全国劳模精神，实现了"矛盾不出村、垃圾不出村、办事不出村、创业不出村"，为乡村治理提供了新实践、新思考。

横溪坞村位于浙江省安吉县孝丰镇西北部，区域面积8.5平方公里，距镇中心约5公里，是典型的江南花园式山区村，全村325户，人口1 100人。近年来，横溪坞村立足"矛盾纠纷不易化解、垃圾处理清运存在困难、村民办事难、留村创业难"等难题，探索创新"四个不出村"乡村治理新模式。

村标识体现"四个不出村"元素

一、矛盾不出村，打造"安民"村

（一）建好专兼职队伍，及时化解矛盾纠纷

建立以村知名人士为代表的新"乡贤"、村干部为代表的"村贤"、村民警（辅警）为代表的"警贤"为主，以村志愿调解员为辅的矛盾纠纷调解队伍，全面提升矛盾化解成功率。积极吸纳热心群众、退休干部、老教师等热爱公益活动、责任心较强的村民，组建"平安家园卫队"，充分发挥其人熟、地熟、情况熟、业务知识熟和开展工作便利的优势，将纠纷化解在萌芽阶段。此外，由"林区警长"和"水库警长"定期开展守山护水巡逻，不断提升村民保护森林、保护水源的意识。目前，该村平安卫队人员已达50余人。

（二）用好党员队伍，实现矛盾纠纷化解"关口前移"

组织村"两委"班子成员、党员带头定期开展"夜学"，通过视频案例教学、邀请专职调解员现场教学等方式，提升党员处理实际问题的能力。党员带头进村入户开展不定期"夜访"，面对面地听取村民的利益诉求，广泛收集社情民意，力争问题当场解决，妥善预防纠纷滋生；对于不能及时解决的群众普遍反映的热点难点问题，召开党员代表、致富能手、村民代表等各个层次的"夜谈"，广泛征求党员群众的意见和建议，制定解决问题的方案。目前已成功解决村民反映的问题250余个。

（三）用好网格员队伍，精准精细化解矛盾纠纷

将8个自然村分成4个"网格"，每个"网格"都有由网格员领衔、志愿者参与组成的"网格队伍"，确保每一处角落都有"网格队伍"负责，实现"网格"全覆盖。网格员动态了解每个"网格"内可能或已产生的纠纷，提早发现，及时处理；不能现场及时解决的，将矛盾"分类"，及时通知专业调解队伍，通过背靠背、面对面、事对事的冷处理、热处理方式化解各类矛盾。近年来，共受理、解决各类矛盾纠纷423件，调解率、调处率均达100%，真正形成了"小事不出户、大事不出村"的良好风尚。

二、垃圾不出村，打造"惠民"村

（一）标准化控制垃圾"出生"

向村民发放具备专属二维码的家庭垃圾盛放工具"两桶一筐"（即黄色桶收集不可回收垃圾、绿色桶收集厨余垃圾、木筐收集可回收垃圾），每天由村垃圾收集员定时上门处理已完成分类的垃圾。垃圾称重后，该户家庭垃圾分类情况及产量等数据可直接传输到村环保主题馆内的后台设备上，实时监测、掌握每天的垃圾产量及垃圾分类情况。村民还可借助专属二维码了解自家垃圾分类积分等信息。同时定制环保篮，免费分发给村民，提倡村民不使用或减量使用生活塑料袋制品。目前已发放"两桶一筐"400余套，环保布袋600余个。

横溪坞村入口处提示标识

（二）资源化利用垃圾"重生"

根据垃圾类别，予以分类处置：秸秆、树叶、菜叶等直接回田作为养料，厨余垃圾集中收集至沼气池进行发酵，可回收垃圾送到村里或到村"蛹工坊"做成工艺品。聘请村中一名聋哑手工艺者，开设课程向村民教授手工制作技巧，提升村民"变废为宝"技能，优秀作品被送到村文化礼堂进行展示或销售。在村庄建设中，打造了一条以废旧电视机、打印机、空调等制作的景观带、文化墙。

（三）体系化处理垃圾"终生"

不断完善垃圾分类体系，家具类垃圾由清运员运送至指定地点拆分，分类处理；旧衣物类垃圾由专人分类挑拣后，将可捐衣物捐赠，不可捐衣物则作为田间布人偶的材料；厕所内不可回收垃圾外运至镇垃圾中转站处理；设立旧电池回收箱、过期药品回收箱，统一处理有毒有害垃圾，如使用过的农药瓶子由镇农办回收，过期药品则由镇卫生院回收；废旧砖头、水泥板等建筑垃圾可作为填方和垫路基的材料，或烧制成新型砌砖后供村里建设使用。

三、办事不出村，打造"利民"村

（一）线上线下联动办

列出为民办实事清单，共234件，建立了"最多跑一次"全科无差别化服务体系，囊括基本村民办事需求。全天候开放党群服务中心、"两代表一委员"工作室、群众说事室3个"代办点"，由7名代办员提供24小时不间断服务。开通网络平台，帮助村民代缴水费、电费、话费等，通过横向连接县直部门、单位窗口，纵向连接县、镇、村三级行政审批服务网络，推动关口前移至村党员群众服务中心，实现村内大事小事线上线下多渠道办理。

（二）定点流动同时办

除定点代办外，推行村干部"1+1+N"便民值班模式，每天由1名村干部值班，1名便民服务员坐班定点办，其他村干部及党员志愿者进户流动办事。村干部、党员还上门为村民代办白茶交易高峰期招采茶工、代售滞销土特产等村民自家事；为村里23位老人设置24小时"爱心专线"，老人不出门就可以享受领取养老金、剃头、剪指甲等上门服务。

（三）单项多项分类办

村班子带头把事项分类，如残疾证办理、社保办理等单一事项，指定专办员负责"个别办"；征地拆迁事宜，涉及政策组、失地保险组等需要多部门联动配合处理的事项，则由村班子安排相关人员"组团办"，解决村民"办事难、办事慢""多头跑、来回跑"等问题，力争用最快速度办理村民事项。

四、创业不出村，打造"富民"村

（一）第一步，大胆迈开合作经营

2005年5月，成立了村办白茶加工企业，每年实现增收100多万元（2020年，仅白茶一项，就为村集体经济增收160余万元）。2018年，"紫沟坞"品牌白茶"联姻"湖北省京山市罗店镇麻城村，开启了"白茶为媒，先富带后富"的合作发展模式，解决了当地人茶叶种植、管理、销售的问题。探索组建横溪坞村毛竹股份专业合作社，收储该村298位农户的闲散竹林，实行统一经营、统一管理、按股分红。3年时间，合作社总利润达400万元，村民的毛竹收益比未入合作社时增长30%以上。

（二）第二步，开放走出招商引资

成功引入投资2.2亿元的"天然居"颐养中心项目，投资1.5亿元的大坞里文旅项目正在加快报批推进。项目成功落地，让"绿水青山"变成了带动村级发展的"金山银山"，预计将为村民提供就业岗位100个。

（三）第三步，积极探索创业致富

2015年起与君澜酒店、杭州孪生艺术学院合作，鼓励和带动村民自主创业，引导和发动新乡贤能人回乡创业。目前已有精品民宿7家，农产品产销一体经营户8家，新型业态17家，累计培养专业农技和经营管理人才58人。

五、"四个不出村"，聚民心、显成效

（一）干部带了头，群众齐加油

横溪坞村党总支成立"裘松伟导师帮带工作室"，传承、创新王昌年同志的老劳模精神，党员干部冲锋在前，广大群众自愿跟着干、人人抢着干、户户比着干，"红马甲、绿马甲、橙马甲"等志愿活动蔚然成风，形成了党群合力、齐心协力的浓厚干事创业氛围。

（二）干部掏心窝，群众暖心窝

要事大家定、难事大家议、好事大家赞，村干部以身作则、主动作为，

让老百姓充分理解、充分信任，成了老百姓的知心人、贴心人。干部舍自己的小家，温暖了更多的大家，用自己的无私实干收获群众的纷纷点赞，用自己的辛苦指数换来了百姓的幸福指数。

横溪坞村"笑脸墙"

（三）"两山"转化了，村强民富了

通过乡村经营，一根只卖几块钱的毛竹摇身一变，成了几百上千块的竹产品，荒山边角变成了旅游胜地，旧厂房变成了环保"蛹工坊"，旧学堂改成了新时代文化礼堂……"绿水青山"转化成了更多的"金山银山"。2020年，横溪坞村集体经济收入594.2万元，经营性收入266.4万元，农民人均可支配收入4.875万元。

横溪坞村中心村航拍图

配好"兵支书" 建功乡村"主战场"

编者按：蒙阴县积极探索退役军人参与乡村治理的有效途径，开展"兵支书"选配改革，通过考选配备一批"兵支书"任村党组织书记，延展深化"兵支书"选育培塑、联系帮扶、使用管理、考核激励的基层实践，走出了一条"兵支书"建功沂蒙老区乡村治理"主战场"的特色之路。

山东省蒙阴县地处沂蒙山区腹地，是沂蒙精神重要发源地、孟良崮战役发生地和全国著名支前模范"沂蒙六姐妹"家乡。全县总面积1 605平方公里，辖10个乡（镇、街道）、1个省级经济开发区、1个云蒙湖生态区，366个行政村，总人口58万人。2018年以来，蒙阴县坚持思想政治引领，着力激发退役军人奉献红色热土、建功乡村振兴的潜能，通过考选方式配备一批"兵支书"进村级班子，探索出一条退役军人参与乡村治理的有效途径。

一、红色热土，乡村治理主力军

适龄青年传承红色基因，参军支持国防是蒙阴县的光荣传统，全县退役军人高达2.6万多人。他们回到家乡后，坚持"退伍不退志""退役不褪色"，在各个岗位上继续发扬人民军队光荣传统和优良作风。蒙阴县充分发挥这一优势，坚持高点定位、高标准谋划，积极推进"兵支书"选配改革试点。成立了由县委书记任组长的领导小组，印发了《关于开展村党组织书记选配试点工作的实施意见》，成立试点工作机构，实行专班落实、专线推进。"兵支书"经受过部队培养锻炼，执行力、战斗力强，能够站稳脚跟、打开局面，赢得党委政府信任和群众支持认可。"兵支书"加快村庄基础设施建设、推动村庄产业发展、办好民生实事，村党组织引领带动能力明显增强，"战斗堡垒"更加坚固，乡村治理能力显著提升，一批积累多年的信访矛盾和历史遗留问题逐步解决。截至2021年村"两委"换届，全县366名村支书中，"兵支书"115人，占比31%；新当选"兵支书"25名，比上届提升5.5个百分点；新当选"兵委员"146名；"清一色"的"兵支部"7个，优秀退役军人逐步成为基层组织的新鲜血液和重要力量。如马子石沟村曾经是一个"山岭荒凉、土地贫瘠，靠天吃饭、土里刨食"的穷山村，2004年以前村集体拖欠外债47万元。"兵支书"闫士照带领群众创办莲花崮农业生态合作社，发展莲藕泥鳅养殖、中华蜜蜂园等项目，在"青石板上造绿洲"。2020年年底，村集体土地净增加440余亩、增收8万余元。

二、突出"三个精准"，科学选村选人

一是精准选村。2019年以来，蒙阴县坚持问题导向，聚焦整瘫治乱，研判提出拟试点村名单，县委组织部审核把关，县委常委会专题研究。通过"两上两下"程序，确定了第一批试点村40个，第二批试点扩面村27个。全县试点村累计达到67个，占行政村总数的19%。

二是精准选人。严格落实"从好人中选能人"和"凡进必审"要求，坚持内挖、外引相结合，拓宽选人视野，创新选配方式。**"关口"前移**，把选人的视野延伸到部队，从现役士兵中物色人选。与县内外20余支部队协力开展"六个一"活动，军地共建常态化信息直通机制，及时掌握蒙阴籍官兵服役表现，择优纳入后备人才。目前，全县储备现役和即将退役后备人才38人。**"内挖"选人**，以街镇为单位，结合建档立卡，对辖区退役军人全面摸底，建立党支部择优推荐、乡（镇）党委意向培养、县乡联合考察的动态发现培育机制，精准发现人才，纳入村级后备人才库。目前，全县1 331名村级后备人才库中退役军人413人，占比31%。2021年村"两委"换届，县委印发《致全

县退役军人的一封公开信》，鼓励退役军人踊跃参选"兵支书""兵委员"，578名退役军人自荐报名，348人成功当选，202人连选连任。**"外引"**用人，对宗族派性突出、村级组织软弱涣散无合适人选的村庄，倒排拉出清单，"下深水"选人。深化开展退役军人回归组织、回归家庭、回归乡里"三回归"工程，鼓励退役士兵专项公益性岗位人员、在外退役军人回村参选。桃墟镇大庙村退役军人王兆兴在外地经商多年，致富带富能力强。镇党委动员他回乡发展，担任村党支部书记、村委会主任，通过领办合作社吸纳社员31户，安排闲散劳动力41人，建设蔬菜大棚100余亩，有力带动了村集体经济发展。

三是精准选配。综合考虑村情实际和选配人员的性格特点、成长经历和优势特长，坚持因村定人、人村相适，硬人治乱、能人治穷，确保把合适的人选配到合适的村。东住佛村"兵支书"于洋秉承"打造钢班子铁队伍"精神，外引项目，内挖潜力，先后引进锦城物流、季季鲜电子商务等项目，资金1 100万元，解决本村劳动力60余人就业，带动村集体增收10余万元，村庄环境实现了从"脏、乱、差"到"净、畅、美"跨越式转变。

"兵支书"向交流团汇报整山治水成效

三、落实"三项举措"，加强管理帮扶

一是强化岗前培训。坚持县内培训、县外挂职相结合，通过专家授课、优秀村支书现身说法等方式，对新选配人员开展封闭式培训，确保"兵支书"尽快融入角色、进入状态、发挥作用。

二是强化政策扶持。整合资金力量。县财政专项列支经费880万元，对"兵支书"任职村优先倾斜。"兵支书"任职村逐村建立台账，明确工作重点，文化体育、道路绿化等建设项目优先纳入上级项目库。目前，已入库项目136个，实施项目44个，投入资金600余万元。落实帮包制度。从县管党费中按照每名党员不低于100元标准，拨付党员培训经费。对"兵支书"实行乡镇党委班子成员倒排正包制度，每村确定1～2名科级干部结对帮带。推行"镇村吹哨、部门报到"制度。选定19个县直部门开展结对帮包，乡镇领导班子成员结对联系，助推村庄发展。目前，帮包单位主要负责同志到村现场办公90次，协调投入资金500余万元，办结民生事项60件。

三是强化考核评议。设立工作专班，实行"半月调度、季度观摩、半年评比、年度总评"的调度推进机制，对遇到的新情况、新问题随时提醒、及时研究解决，确保"兵支书"工作取得实效。

四、实施"三项激励"，激发内生动力

一是落实保障待遇。对公益性岗位的退役军人，按照每人每月900元的标准发放岗位补助；对其他岗位并且跨村任职的，每人每月发放200元补助，解决部分因驻村工作产生的费用。对任期届满后连选连任的，基本报酬标准上浮20%。将符合条件的35名"兵支书"纳入村党组织书记专业化管理，实现"身份专业化、工资结构化、保障规范化"。对其他"兵支书""兵委员"参加居民养老保险的，按照基本报酬总额17%～20%的比例给予补贴。

二是实行晋位奖励。对村集体经济发展作出突出贡献的，按年集体经营性收入增量7.5%的比例予以奖励；任职村年度考核乡镇排名由后30%进入

前15%的，发放一次性考核奖1万元，或者参照本乡（镇）新招聘事业人员工资标准发放下一年度的基本报酬。

三是强化政治激励。任职期间年度考核评定为优秀等次的，优先作为"两代表一委员"和优秀共产党员推荐对象；任职工作突出的"兵支书"，优先推荐挂职县直单位党组成员和乡（镇）业务部门副职；符合标准条件的，推荐报考乡（镇）领导班子成员和乡（镇）机关公务员、事业单位人员，畅通"兵支书"进步渠道。

五、递进培养，赋能"兵支书"群体

一是坚持党建引领。实施"头雁"引领工程，引导"兵支书"抓班子、带队伍、强党建，夯实党在农村的执政根基，推动全面从严治党向基层延伸。**实施**教育培训工程，组织开展"兵支书"再进军营活动，重温军旅生活，抓好部队优良传统与地方红色基因的无缝衔接和传承融合。**实施**党建创优行动，加强对"兵支书"的思想淬炼、政治历练、实践锻炼、专业训练。

退役军人村级后备人才专题集中培训

二是聚焦能力提升。**坚持知识赋能。**统筹利用线上、线下两种教育资源，着力打造"兵支书"能力提升平台。**坚持阅历赋能。**先后5次组织新任职"兵支书"到栖霞、浙江等地观摩学习；选派10名"兵支书"到浙江丽水市村居挂职；选派36名"兵支书"到县乡挂职锻炼。**坚持发展赋能。**"兵支书"带头创办经济合作社36家，兴办经济实体300余家，促进村集体、村民"双增收"，"头雁带雁阵"作用得到充分激发。

三是强化服务保障。建立县乡村三级退役军人服务保障体系，组建退役军人志愿服务队，协力参与社会治安、网格服务、环境整治、矛盾调处以及帮贫济困等工作。

四川省宜宾市珙县
创新"四方合约"机制　破解农村养老难题

编者按：面对农村大量空巢独居、留守老人的养老难题，珙县积极探索农村特殊困难老人关爱服务工作，支持多方主体参与乡村治理，创新推行村（社区）党组织、村老协或其他社会组织、特殊困难老人、助老巡访员四方签订《关爱服务合约》机制，切实解决特殊困难老人实际问题，推动乡村有效治理。

珙县户籍总人口42.9万人，其中60周岁以上人口7.44万人，占全县人口17.3%。近年来，随着大量农村青壮年外出务工就业，在部分乡（镇）的农村存在着不少的空巢独居、留守老人，他们的养老已经成为亟需关注解决的社会问题。珙县积极探索农村特殊困难老人关爱服务工作，支持多方主体参与，创新推行村党组织、村老协或其他社会组织、特殊困难老人、助老巡访员四方签订《关爱服务合约》机制，切实解决特殊困难老人实际问题，推动乡村有效治理。

一、聚焦建章立制环节，科学建立"四方合约"

通过明确各方权利和责任，精准识别关爱对象，择优选聘助老巡访员，科学建立合约，推动助老巡访工作有效运行。

（一）建立长效机制

针对大量青壮年外出务工，留守老年人缺少生活照料、安全隐患较多的养老难题，珙县顺势而为，以"大力弘扬孝亲敬老，淳化乡村社会风气，拓展村级老协职能"为目的，建立健全《助老巡访工作制度》《助老巡访工作流程》《村级日间照料中心管理办法》等6项工作制度，统一印制《助老巡访跟踪记录本》《助老巡访公示表》《助老巡访工作牌》，做到制度规范上墙，巡访员戴牌工作，表册及时更新和公示。

（二）组建巡访队伍

发动辖区内政治过硬、威望较高、熟悉情况的退休党员、新乡贤人士、热心群众等，报名参加助老巡访员队伍。村（社区）党组织通过面谈了解、走访考察等形式，确定助老巡访员人员，确保巡访队伍结构优化、素质过硬。巡访工作的开展，带动了一大批志愿者、爱心人士、青年学生自发参与巡访助老工作，示范带动基层助老队伍不断壮大。截至目前，全县共有370余人加入助老巡防员队伍。

（三）精选服务对象

聚焦60岁以上的散居特困、独居留守、残疾失能、缺乏照料等特殊困难老人，由村党组织提名推荐，通过民主评议、公开公示、乡镇党委审核等程序，最终确定服务对象。将相关信息录入助老巡访监督系统App，实行县、乡、村"三级"审核管理，确保助老巡访工作落地落实。目前全县共有

村委会、村老协、巡防员与村民签订"四方合约"

5 700名特殊困难老人被纳入服务体系。

（四）签订四方合约

引导和组织村委会、村老协、老年人、志愿者签订《助老巡访爱心合约》，明确四方责任。村委会负责指导、协调、监督和保障四方合约有效运行；村老协负责建立和管理老年人台账；老年人承诺向助老巡访员提供真实信息，并对服务进行客观评价；助老巡访员按照开展巡访服务的要求，定期组织开展老年人免费体检、政策宣传、上门医疗护理、文艺活动、兴趣培训等活动，推动助老巡访工作落地落实。全县现已签订关爱服务合约2 400份。

二、聚焦助老巡访环节，贴心履行"四方合约"

明确四方权责，制订助老巡访员工作职责清单，明确关爱服务内容，切实提升特殊困难老人生活幸福感。

（一）强化安全排查

助老巡访员每周1次上门巡访和1次电话巡访，为留守空巢老人提供一对一、面对面助老服务，第一时间了解老年人的需要和诉求，及时发现健康及安全隐患，及早提供针对性帮助。现场不能解决的，向老人子女、村"两委"反映，共同寻求解决办法，确保助老服务不断档。截至目前，共发现解决特殊困难老人身边存在的地质灾害、过期食品、安全隐患等各类问题1 213个。

（二）开展爱心陪伴

逢年过节和老人生日时，助老巡访员入户开展空巢老人爱心陪伴活动，为老人送上节日祝福，聊天谈心半小时以上，缓解老人的失落感和孤独感。特别是年初因为疫情防控等因素，很多空巢老人子女、亲属未回家过年，助老巡访员通过帮助老人购年货、贴春联，组织周边老人吃年夜饭、看春晚等方式，尽其所能满足老人的情感和心理需求。

（三）提供助老服务

助老巡访员每次入户，记录老人生活物资储备情况，并结合每名老人的健康状况，对高龄、失能、半失能空巢老人等特殊人群，提供代买粮、油、菜生活物资，代办证照证件、应急送医等力所能及的帮助；定期开展免费理发、修剪指甲等日常服务。通过发放宣传单、宣传资料及上门宣讲等方式，宣传养老、医疗、低保、疫情防控等政策，以及防诈骗、法律常识等知识。截至目前，助老巡访员和相关部门已为老人开展相关专题活动和服务1 500余次。

助老巡访员到村民家中开展巡访服务

（四）创新养老模式

针对留守老年人大多体弱多病、精神孤寂的痛点难点，采取生活问题居家解决、文化需求和健康问题集中解决的"分散＋集中"农村互助养老模式。村委会建立老年人日间照料中心，在各村民小组建立互助养老活动点，交由村老协管理使用，每周至少为老年人免费提供1次文化活动、知识讲座等集中服务，助老巡访员配合做好宣传、陪伴和接送残疾老人等工作。

三、聚焦问题反馈环节，全程管理"四方合约"

加强对助老巡访工作的监督管理，推动关爱服务合约有效运行，确保助老服务落到实处。

（一）细化服务方案

根据每位老人实际情况"量体裁衣"订制服务方案和计划，形成"一人一台账、一人一计划、一人一措施"的精准助老服务方案。将服务方案相关信息录入助老巡访监督系统App，确保在助老巡访员发生变动的情况下，能及时了解老人基本情况，保证助老巡访工作精准有效开展。

（二）建立考核机制

建立完善"四方"监督职责，村委会监督指导村老协开展巡访工作，村老协管理和考核巡访员，老年人评价考核巡访服务效果，让"四方合约"落到实处。以"精神鼓励+物质奖励+政治激励"的方式，推动农村养老发展，每年对优秀团队、突出个人进行表彰，并引导表现突出的先进个人优先入党，增强助老巡访员的工作积极性、主动性，切实提高养老服务质量。

（三）强化要素保障

县财政按照特殊困难老人300元/（年·人）的标准划拨资金，用于政府购买助老巡访服务，并根据全县人均消费水平等情况，每年适当调整标准。将县级福彩公益金留成部分的50%以上用于养老服务体系建设，累计整合投入资金6 500余万元，用于珙县老年养护中心、办公养老机构开展提升、社区养老服务综合体等项目建设。截至目前，共新增床位300张，适老化改造床位565张，完成农村敬老院食堂、消防升级改造。

（四）加强督促考核

建立线上四级监督体系，创新开发巡防员、村镇审核员、县级管理员四级用户微信App监督程序，实时监督和掌握全县巡防员为农村老人巡访服务情况；县级相关部门将特殊困难老人关爱服务工作纳入基层治理工作考核范围，对工作落实不力的单位和个人定期通报批评。

"四方合约"成为珙县有效解决农村养老服务"疑难杂症"的"良方"，为建立健全农村地区关爱服务体系注入"强心剂"，为留守老人、空巢老人搭起"连心桥"。老人安心养老，子女安心务工，促进了社会和谐，助推了

助老巡访员教老人使用微信视频通话功能

经济发展，密切了干群关系，增强了党的政策在农村的认可度和执行力，切实提升了农村特殊困难老人的获得感、幸福感、安全感，也提升了广大群众对乡村治理工作的满意度。

发展村级扶贫社　壮大集体经济　提升治理能力

编者按：针对村级组织功能弱化、农村集体经济薄弱、公共设施无人管等症结性问题，留坝县结合实际、大胆探索，从夯实乡村治理基础出发，充分发挥村级扶贫互助合作社这一新型集体经济发展平台的作用，高质量完成了脱贫攻坚任务，促进了集体经济发展，有效提升了乡村治理能力。

陕西省留坝县地处秦岭南麓腹地，总面积1 970平方公里，辖7个镇、1个街道办事处、75个行政村、1个社区，总人口4.7万人。近年来，留坝县坚持把发展壮大集体经济作为提升乡村治理能力的有效手段来抓，不断创新思路，强化工作举措，探索建立了"村级扶贫互助合作社"（以下简称"扶贫社"），快速发展集体经济，强化治理主体，夯实治理基础，提升治理能力，走出了一条独具特色的乡村善治之路。

一、强化村级党组织的领导作用，科学设置运行机制

留坝县创新依托村党支部成立扶贫社，内设村股份经济合作社、公益性服务队、互助资金协会。这个构架赋予了村党支部统筹管理农村生产、治理、服务、公益职能。

（一）扶贫理事会负责牵头抓总

理事会不直接从事具体的生产经营服务活动，主要负责扶贫社内部的组织协调、土地山林等资源整合、组织管理发动群众。村党支部书记通过法定程序担任扶贫社理事长，同时兼任股份经济合作社理事长，第一书记（驻村干部）担任监事长（第三方）。

（二）村股份经济合作社承接生产经营

村股份经济合作社承担扶贫社的经济职能，股东主要是政府、村集体和村民。通过分属若干个专业生产队，具体承接上级各类建设项目和生产项目，组织带领村民（以贫困户为主）发展生产、实现增收。生产经营类专业队向村集体上缴管理费，实现村集体积累增收目标。

（三）公益性服务队做好公益服务

各村根据需求建立不同的公益服务队，比如为有效管护自来水，成立自来水管护队；为解决农产品销售问题，成立电商服务队；为丰富群众文化生活，成立文艺宣传服务队。公益服务队负责开展文化活动、公益事业、公共服务、乡风建设等工作，所需费用通过县财政公益事业拨款、向村民收取相应服务费用、从村集体积累中获得补助解决。

（四）互助资金协会解决资金短缺难题

互助资金协会解决群众发展产业资金短缺问题，向群众发放低于银行利率的互助资金，贫困户申请互助资金，由县财政全额贴息。

二、加强政策支持，增强扶贫社经济实力

（一）解决原始资本金

留坝县向每个扶贫社提供30万元原始资本金，成立村"扶贫互助资金协会"，作为村扶贫社的集体会员。另外向各扶贫社提供30万元贷款额度（政府5%贴息），专门为扶贫社设置补助预借工程款，作为扶贫社经济活动流动资金。

（二）推行项目代建制度

30万元以下、工程技术简单的建设、生产类项目，以委托代建的方式交由扶贫社实施，增加村集体和贫困户收入。各村探索社员推选工程队队长直接实施工程、整体外包工程等多种形式，扩展代建方式。截至2020年，全县75个扶贫社代建项目605个，获得了近1 300万元的集体经济积累。

（三）支持扶贫社提高经济实力

县行业主管部门为扶贫社培训、培养各种专业技术员和财会人员，支持扶贫社拓宽经营范围，从农业产业、建筑工程、环境整治到资源开发管理，扶贫社都可以组织群众参与。近五年来，政府通过产业项目扶持全县75个扶贫社建设"四养一林一旅游"产业基地226个，基地设施设备确权为扶贫社的集体资产。贫困户产业奖补资金折算成虚拟股份，直接投入扶贫社产业，贫困户凭股权证长久享受分红。

火烧店镇中西沟村扶贫社召开分红大会

（四）明晰产权分配

政府投入占村股份经济合作社15%的股份，村委会占股15%，村民占股70%，收益按政府、集体、个人股份分配。脱贫攻坚期间，政府不参与分红。留坝县支持扶贫社产业基地自主经营、招商引资、承包租赁，最大限度地发挥集体资产的效益。这种扶贫资产"社管、社用、群众受益"的制度，既保证了扶贫投入的保值增值，又确保了扶贫投入的益贫性，做到了让群众长期受益。截至2020年年底，全县村级集体积累达9 293万元，累计形成经营性资产2.1亿元。

三、发展产业，壮大集体经济

（一）科学确定主导产业

结合县域实际，确立了"四养一林一旅游"，发展以土鸡、土猪、中蜂、代料食用菌为主的"四养"短线产业，培育以板栗、中药材种植等林下产业为主的"一林"中线产业和全域旅游长线产业，构建"长中短"结合的主导产业体系，为产业发展指明了方向。

农户种植的西洋参喜获丰收

（二）推行订单农业

推行"政府+龙头企业+扶贫社+农户"的订单农业模式。政府确定产业发展方向、做特色品牌、扶持龙头企业；龙头企业跑市场、拿订单，与村级扶贫社签订单、销售产品；村扶贫社承上启下，一方面与龙头企业谈判农产品收购价、承接生产订单，另一方面执行农产品生产标准、分解订单、组织农民生产，并将龙头企业支付的管理费作为集体积累；农民只需按照订单完成生产任务，就可获得收入。

（三）实现小农户对接大市场

扶贫社通过大户引领、基地示范、扶贫社托管等形式，把全县82.6%的农户和100%的贫困户全部镶嵌在产业链上，彻底改变了过去单个农户单打独斗、"提篮小卖"的生产方式，解决了小农户对接大市场的问题。2020年，全县75个扶贫社与龙头企业签订销售订单252笔，线上线下共销售农产品1.6亿元，带动参与农户人均增收4 700余元，带动参与贫困群众人均增收5 300余元。

四、规范扶贫社管理，健全监督机制

（一）严格执行"社财镇管"

建立镇（街道）日常监管、行业单位经常检查、纪检审计及时跟踪3道资金安全监管网，确保扶贫社资金安全。

（二）严格村干部行为规范

明确规定村"两委"、村务监督委员会成员不得领办经营性专业生产队。扶贫社实施的政府投资类项目必须通过公平竞争获得，以项目外包的形式交给专业服务队组织实施。

（三）规范收益分配和民主议事制度

制订扶贫社收益分配办法，按政府、村集体、村民的股份进行分配，在提取公益金、公积金后，经全体成员同意，分配给村民。提取比例、分配多少、分配形式由扶贫社社员大会商议决定。

（四）派驻监事

扶贫社监事长由第一书记（包村干部）担任，县纪委将驻村第一书记任命为村廉政特派员，对扶贫社运营情况进行有效监管。

五、依托扶贫社，提升乡村治理能力

村党支部依托扶贫社下设的"三队两会一屋一规"，承担村级事务管理和公益服务职能，有效促进了乡村善治。

（一）"三队"实现长效管护

"三队"就是各村依托扶贫社建立的卫生保洁队、自来水管护队、道路管护队，负责基础设施和村容村貌的日常维护，所需经费通过"县上给一点、群众缴一点、集体积累补一点"解决，群众缴费标准由各村群众自己议定。全县建立以"三队"为主的公益性服务队343个，其中242个公益岗由贫困户担任。

（二）"两会"评议美丑

"道德评议委员会"是由党员、新乡贤组成的自治组织，对村民日常表现进行民主评议评价；"院坝说事会"是全体村民商议重大事项的议事制度。道德评议委员会每季度召开一次院坝说事会，对村民日常表现进行民主评议赋分，好人好事积正分上"红榜"，不良表现积负分上"黑榜"。

道德评议委员会对农户家环境卫生进行评议

（三）"一屋"奖罚分明

"一屋"就是"德美屋"，由政府奖励和扶贫社公益金提供经济保障。各村将所有村民纳入"德美屋"道德积分管理系统，获得的积分可到"德美屋"兑换生活用品。

（四）"一规"约定新风

"一规"就是村规民约。各村通过院坝说事会，组织村民讨论制定简单易懂、便于操作、有约束力的村规民约。村规民约的具体执行与"德美屋""红黑榜"和扶贫社分红相挂钩，使村规民约的"软内容"有了"硬约束"。

附　　录

农办经〔2021〕11号

农业农村部办公厅 国家乡村振兴局综合司 关于推介第三批全国乡村治理 典型案例的通知

各省、自治区、直辖市农业农村（农牧）厅（局、委）、乡村振兴局：

乡村治理有效是乡村振兴的重要保障，是实现国家治理体系和治理能力现代化的重要方面。党中央、国务院高度重视乡村治理体系建设。习近平总书记对加强和改进乡村治理作出了系列重要论述。2019年以来，中央农办、农业农村部按照中央关于推广乡村治理创新性典型经验的要求，连续组织遴选推介了两批全国乡村治理典型案例，为各地树立了学习借鉴的样板，发挥了良好的示范作用，引领带动了各地乡村治理能力建设。

为进一步发掘和总结各地典型经验做法，以点带面推进全国乡村治理工作，中央农办、农业农村部、国家乡村振兴局联合开展了第三批全国乡村治理典型案例征集推介活动，面向全国征集乡村治理的好经验好做法。本次活动在各省份推荐的基础上，从运用清单制、创新治理方式，强化组织领导、完善治理体制，发挥"三治"作用、健全治理体系，保障民生服务、提升治理能力等四个方面精选了38个典型案例，现印发各地，供学习借鉴。

今年是"十四五"开局之年，也是三农工作重心历史性转向全面推进乡村振兴的第一年。我国乡村社会正在发生深刻变革，乡村治理面临诸多艰巨复杂的问题和挑战，迫切需要充分调动积极因素，进一步激发各地担当作为、干事创业的积极性、主动性和创造性，形成推动乡村治理现代化的强大合力。各级农业农村部门、乡村振兴机构要坚持以习近平新时代中国特色社会主义思想为指导，全面贯彻落实党的十九大和十九届二中、三中、四中、五中全会精神，按照中央关于加强和改进乡村治理的决策部署，不断完善工作方法，落实工作措施，着力为基层、为农民谋利益、办实事，推动乡村治理各项任务落实落细落地，确保治理成果惠及广大农民群众。要认真学习全国乡村治理典型案例经验做法、因地制宜探索形成符合本地实际的乡村治理模式，宣传推介案例的好做法好经验，结合实际，突出重点，提升治理体系和治理能力现代化水平。

附件：第三批全国乡村治理典型案例名单

附件

第三批全国乡村治理典型案例名单

一、运用清单制，创新治理方式

1.网格化党建+四张清单　打通基层治理"最后一公里"（上海市金山区漕泾镇）

2.小微权力清单"36条"　构建乡村反腐新机制（浙江省宁波市宁海县）

3.规范权责事项　推动村居减负增效（福建省厦门市海沧区）

4.实施三清单一流程　规范村级权力运行（河南省济源市）

5.推行四项清单　以乡村善治助力乡村振兴（湖北省武汉市蔡甸区）

6.互联网+村级小微权力监督　提升乡村治理能力和水平（湖南省娄底市涟源市）

7.全域梳理便民清单　全力推进政务服务下沉（湖南省常德市津市市）

8.建立村级小清单　赋能乡村治理"大智惠"（广东省汕头市）

9.明确村级组织承担事项　助推基层减负增效（重庆市渝北区）

10.注重"四个突出"　解决乡村治理难点问题（四川省德阳市罗江区）

二、强化组织领导，完善治理体制

1."1+3+X"加强基层党组织建设　提升乡村治理能力（吉林省长春市双阳区）

2.以"三定四专五化"为抓手推进乡村治理现代化（江苏省宿迁市宿豫区）

3.深化"后陈经验"　完善"一肩挑"背景下的村级运行机制（浙江省金华市武义县）

4.推进"四民"融合 促进治理有效（江西省南昌市南昌县）

5.铸公心之魂 走善治之路（山东省日照市莒县）

6.实施"党建+"引航工程 构建"六位一体"治理格局（山东省济宁市曲阜市）

7.巡察村居 治乱建制 破解乡村治理难题（河南省周口市淮阳区）

8."五微联治"打通"最后一步路"（湖南省长沙市浏阳市）

9."两联两包"开启村级治理新格局（湖南省常德市石门县）

10.打好乡村治理"组合拳" 汇聚乡村振兴新动能（宁夏回族自治区银川市）

三、发挥"三治"作用，健全治理体系

1.坚持"五种思维" "小村规"撬动乡村"大治理"（河北省石家庄市鹿泉区）

2.精准分类优治理 多治融合促振兴（江苏省南京市江宁区）

3.以"邻长制"优化"微治理" 激发振兴"新活力"（福建省厦门市同安区莲花镇）

4."时间银行"助推乡村善治（江西省赣州市大余县）

5.以"民情夜访"推动乡村有效治理（广东省韶关市仁化县）

6.创新"六事"治理方式 提升乡村善治效能（广东省梅州市蕉岭县）

7.建立基层联动调解机制 加强法治乡村建设（海南省儋州市）

8."四访"工作法提升基层治理能力（重庆市奉节县）

9."四级七天"工作法化解基层矛盾纠纷（甘肃省张掖市高台县）

10.做细落实村规民约 夯实完善村民自治（青海省海南藏族自治州贵南县）

四、保障民生服务，提升治理能力

1.足不出村办政务 便民服务"零距离"（北京市怀柔区）

2."三向培养"强化治理人才支撑（辽宁省抚顺市新宾县）

3.推动乡村服务升级产业振兴　构建共建共治共享新格局（上海市闵行区梅陇镇永联村）

4."五堂一站"创品牌　乡村善治有温度（江苏省常州市溧阳市）

5."四个不出村"推动乡村服务升级（浙江省湖州市安吉县孝丰镇横溪坞村）

6.配好"兵支书"　建功乡村"主战场"（山东省临沂市蒙阴县）

7.创新"四方合约"机制　破解农村养老难题（四川省宜宾市珙县）

8.发展村级扶贫社　壮大集体经济　提升治理能力（陕西省汉中市留坝县）

农经发〔2021〕4号

农业农村部　国家乡村振兴局
关于在乡村治理中推广运用清单制
有关工作的通知

各省、自治区、直辖市农业农村（农牧）厅（局、委）、乡村振兴局：

近年来，为解决基层组织负担重、村级权力运行不规范、为民服务不到位等问题，一些地方将"清单制"引入乡村治理，探索出了村级小微权力清单、承担事项清单、公共服务清单等做法，取得了较好的效果。为贯彻落实2020年中央农村工作会议精神，以及中办、国办《关于加强和改进乡村治理的指导意见》和中央关于减轻基层负担的决策部署，进一步总结推广典型范例和创新手段，提升乡村治理效能，现就在乡村治理中推广运用清单制有关事项通知如下。

一、充分认识清单制在乡村治理中的重要作用

在乡村治理中运用清单制，是在党组织领导下，将基层管理服务事项以及农民群众关心关注的事务细化为清单，编制操作流程，明确办理要求，建立监督评价机制，形成制度化、规范化的乡村治理方式。清单制在各地广泛运用，对加强和改进乡村治理、促进农村和谐稳定产生了积极作用。

（一）有利于减轻村级组织负担。充分发挥基层群众性自治组织的基础作用，设立村级事务清单，明确村级组织工作职责，梳理和列举村级组织承担工作事项和协助政府工作事项等内容，清理整顿村级组织承担的过多行政事务，切实减轻村级组织负担。

（二）有利于保障农民各项权益。设立小微权力清单、"三务"公开目录等，明确权力行使规范，加强对基层小微权力的监督管理，切实保障农民群众的知情权、决策权、参与权和监督权。设立公共服务事项清单、政务服务事项清单等，推动便民服务，提升农民群众的获得感和满意度。

（三）有利于提高乡村治理效率。坚持赋权与减负相结合，设立行政权力清单、村级事务清单等，规范村级组织承担行政性事务的权责与方式，推动行政性事务与乡村治理相结合，提高处理乡村复杂问题能力与乡村治理效率。

（四）有利于提升为民服务能力。通过设立公共服务事项清单、政务服务事项清单等，明晰乡镇和村对群众管理和服务的职责，创新"放管服"改革和"最多跑一次"改革向基层延伸的实践形式，为农民群众提供"一门式办理""一站式服务"。

（五）有利于密切基层党群干群关系。通过清单制理顺基层权责边界，规范办事流程，强化监督检查，村干部照单履责，从繁杂、不必要的事务中解放出来，抓主抓重谋乡村发展，行使权力有制度约束，服务群众有具体要求，增强了基层干部的号召力、凝聚力。

二、在乡村治理中有序推进运用清单制

各地要以减轻村级组织负担、提高乡村治理效能为目标，坚持党建引领、依法依规、问题导向、因地制宜的原则，有序推进清单制在乡村治理中的应用。

（一）加强党的领导。要在党委、政府领导下，加强对开展清单制工作的指导和支持，发挥好村级党组织作用，确保通过实施清单制达到保障农民权益、减轻村级负担、提升为民服务能力的效果，切实防止清单制流于形式。

（二）依法依规编制清单。确定清单内容要遵照法律法规和政策，做到全面、规范，防止通过清单制将部门摊派任务制度化。要突出问题导向，因地制宜编制村级小微权力清单、村级事务清单、公共服务事项清单等。要建立清单动态调整制度，规范调整程序，根据政策法规立改废释情况以及工作

实际，适时变更清单。

（三）**推动清单规范运行。**要对清单事项、调整程序、落实执行、监督考核、保障措施等内容作出明确规定，推动清单制运行"有章可循"。编制清单事项流程图，明确清单名称、运行流程、法律依据等，通过政府信息公开、印发流程图手册、村委会公示等途径，让群众心中有数、按图办事，干部心中有戒、照单履职。

（四）**完善监督评价机制。**明确清单事项的监督主体、监督对象、监督方式等，形成群众监督、村务监督委员会监督、上级党组织和有关部门监督的监督体系。健全公开制度，公开清单内容、运行程序、运行结果，实现公开经常化、制度化和规范化。建立群众评价机制，把群众评价作为清单运行效果的重要依据。推动把清单制的落实情况纳入对地方和部门的年度考核，考核结果与干部使用、评先评优等相挂钩，违反规定的要严肃问责。

（五）**建立健全配套措施。**推动加强乡镇行政综合服务中心、农村综合服务站点硬件和软件建设。落实"权随责走""费随事转"制度，对下放给基层组织承担或协助的事项，要明确下放权限、经费来源，确保各项保障与工作任务相匹配。推动"互联网+政务服务"向基层延伸，扩大智能化服务平台在乡镇和村的覆盖面，提高为农服务效率。加强干部素质能力建设，建立正面激励机制和容错纠错机制，鼓励基层干部担当作为。

三、强化组织领导

各级农业农村部门、乡村振兴机构要以习近平新时代中国特色社会主义思想为指导，贯彻落实中央关于切实减轻基层负担、加强乡村治理的决策部署，高度重视推广运用清单制工作，因时因地有序推进，确保取得实效。

（一）**加强部门协同。**各级农业农村部门、乡村振兴机构要将清单制作为减轻村级组织负担、加强和改进乡村治理工作的重要内容，主动加强与纪委监委、组织、农办、民政、司法、财政、人力资源社会保障等部门的协调合作，细化工作措施，形成部门工作合力。

（二）**强化工作指导。**各级农业农村部门、乡村振兴机构要加强对清单制工作的指导，根据工作需要编印工作指引、问答手册、专题简报等，组织开展业务培训。

（三）**分类有序推进。**各地要因地制宜、分类实施、有序开展，可以整省推进清单制，出台指导意见；也可以市、县为单位，开展不同类型清单的实践；鼓励乡镇、村级组织结合实际探索特色清单。有工作基础的地区要认真总结已有做法，逐步完善推广。

（四）**加强宣传推广。**各地要深入总结推广在乡村治理中运用清单制的好做法好经验，通过新闻媒体、网络平台等多种方式加大宣传力度，充分发挥典型经验的辐射带动作用，推进乡村治理体系建设。现随文一并印发典型案例，供各地学习借鉴。

附件

1.小微权力清单"36条" 构建乡村反腐新机制（浙江省宁波市宁海县）

2.规范权责事项 推动村居减负增效（福建省厦门市海沧区）

3.实施三清单一流程 规范村级权力运行（河南省济源市）

4.推行四项清单 以乡村善治助力乡村振兴（湖北省武汉市蔡甸区）

5.互联网＋村级小微权力监督 提升乡村治理能力和水平（湖南省娄底市涟源市）

6.全域梳理便民清单 全力推进政务服务下沉（湖南省常德市津市市）

7.建立村级小清单 赋能乡村治理"大智惠"（广东省汕头市）

8.明确村级组织承担事项 助推基层减负增效（重庆市渝北区）

9.注重"四个突出" 解决乡村治理难点问题（四川省德阳市罗江区）

10.网格化党建＋四张 清单打通基层治理"最后一公里"（上海市金山区漕泾镇）

图书在版编目（CIP）数据

全国乡村治理典型案例.三/农业农村部农村合作经济指导司编.—北京：中国农业出版社，2021.9

ISBN 978-7-109-21598-6

Ⅰ.①全… Ⅱ.①农… Ⅲ.①农村-群众自治-案例-中国 Ⅳ.①D638

中国版本图书馆CIP数据核字（2021）第189794号

全国乡村治理典型案例（三）

QUANGUO XIANGCUN ZHILI DIANXING ANLI（SAN）

中国农业出版社出版

地址：北京市朝阳区麦子店街18号楼

邮编：100125

责任编辑：刁乾超 李昕昱 文字编辑：黄璟冰

责任校对：刘丽香 责任印制：王 宏

印刷：中农印务有限公司

版次：2021年9月第1版

印次：2021年9月北京第1次印刷

发行：新华书店北京发行所

开本：787mm×1092mm 1/16

印张：14.75

字数：220千字

定价：60.00元